Amor,
União
e Filhos

ILMA MANOLE

Amor, União e Filhos

Amarilys

Copyright © Editora Manole Ltda., 2024, por meio de contrato com a autora.
Amarilys é um selo editorial Manole.

Editora: Lívia Oliveira
Redatora: Vitória Scritori
Revisão: Departamento Editorial da Editora Manole
Projeto gráfico: Departamento Editorial da Editora Manole
Ilustrações: freepik.com
Capa: Departamento de Arte da Editora Manole
Imagens do miolo e da capa: freepik.com e acervo da autora.

CIP-BRASIL. CATALOGAÇÃO NA PUBLICAÇÃO
SINDICATO NACIONAL DOS EDITORES DE LIVROS, RJ

M247a

Manole, Ilma, 1940-
Amor, união e filhos / Ilma Manole. - 1. ed. - Barueri [SP] : Amarilys, 2024.

ISBN 9788520458648

1. Manole, Ilma, 1940-. 2. Empresárias - Brasil - Biografia. 3. Autobiografia. I. Título.

24-92723
CDD: 658.40092
CDU: 929:658-055.2(81)

Gabriela Faray Ferreira Lopes - Bibliotecária - CRB-7/6643

Todos os direitos reservados.
Nenhuma parte deste livro poderá ser reproduzida,
por qualquer processo, sem a permissão expressa dos editores.
É proibida a reprodução por fotocópia.

A Editora Manole é filiada à ABDR – Associação Brasileira
de Direitos Reprográficos

Edição – 2025

Editora Manole Ltda.
Alameda Rio Negro, 967 – cj 717 – Alphaville
06454-000 Barueri – SP – Brasil
Fone: (11) 4196-6000
www.manole.com.br | https://atendimento.manole.com.br/

Impresso no Brasil
Printed in Brazil

*Aos meus filhos, netos e à memória póstuma do
meu eterno companheiro, Dinu Manole, por tudo
que construímos em nosso caminho.
Com ele aprendi que para conhecer o caráter e o coração de um
homem é necessário observar como ele trata a própria mãe.
Nunca vou poder agradecer o que esse homem fez por mim.
E esta é a maior lembrança da minha vida.*

*A todas as mulheres que são sagradas, fortes e doces.
Vocês podem não saber ainda, mas são as capitãs das suas casas –
tudo gira ao nosso redor!*

Durante o processo de edição desta obra, foram tomados todos os cuidados para assegurar a publicação de informações técnicas, precisas e atualizadas conforme lei, normas e regras de órgãos de classe aplicáveis à matéria, incluindo códigos de ética, bem como sobre práticas geralmente aceitas pela comunidade acadêmica e/ou técnica, segundo a experiência do autor da obra, pesquisa científica e dados existentes até a data da publicação. As linhas de pesquisa ou de argumentação do autor, assim como suas opiniões, não são necessariamente as da Editora, de modo que esta não pode ser responsabilizada por quaisquer erros ou omissões desta obra que sirvam de apoio à prática profissional do leitor.

Do mesmo modo, foram empregados todos os esforços para garantir a proteção dos direitos de autor envolvidos na obra, inclusive quanto às obras de terceiros e imagens e ilustrações aqui reproduzidas. Caso algum autor se sinta prejudicado, favor entrar em contato com a Editora.

Finalmente, cabe orientar o leitor que a citação de passagens da obra com o objetivo de debate ou exemplificação ou ainda a reprodução de pequenos trechos da obra para uso privado, sem intuito comercial e desde que não prejudique a normal exploração da obra, são, por um lado, permitidas pela Lei de Direitos Autorais, art. 46, incisos II e III. Por outro, a mesma Lei de Direitos Autorais, no art. 29, incisos I, VI e VII, proíbe a reprodução parcial ou integral desta obra, sem prévia autorização, para uso coletivo, bem como o compartilhamento indiscriminado de cópias não autorizadas, inclusive em grupos de grande audiência em redes sociais e aplicativos de mensagens instantâneas. Essa prática prejudica a normal exploração da obra pelo seu autor, ameaçando a edição técnica e universitária de livros científicos e didáticos e a produção de novas obras de qualquer autor.

Dedicatória

A todos que lutaram comigo; aos meus amigos e profissionais que tratam da minha saúde; aos funcionários da editora Manole; aos colaboradores do meu lar e aos que seguiram, lado a lado, na minha jornada até aqui.

Ao meu honrado companheiro que lutou comigo ao longo de muitos anos e que me fez ser a pessoa que hoje sou.

E minha homenagem especial àquela que me amparou nas horas mais difíceis. Eu espero que você tenha noção da pessoa linda que você é, da grandeza do seu coração e da sua existência.

Espero que no dia de hoje tudo possa dar certo e que não lhe falte nada.

Que a esperança seja o combustível da sua força.

Espero que seu coração seja sempre grato, jamais duvide da sua significância.

Você é importante a todo o instante.

Você é amada.

Você é especial para Deus e para muitas pessoas ao seu redor.

Sua mãe.

Sumário

Prefácio 11

Parte I

1. Minhas origens 17
2. União do casal 27
3. Nossas vidas juntas 36
4. Joanópolis – Um lugar encantado 43
5. Viagens, trabalho e lazer 53
6. Nosso legado 60

Parte II

7. Conselhos para as mulheres 65
8. Sugestões para viver bem 79
9. Para não ter arrependimentos, use a razão ... 90
10. O melhor momento da vida é o presente 99

Agradecimentos 103
Aos meus filhos 105
Ao meu companheiro 109

Prefácio

Escrever o prefácio do livro de minha mãe, Ilma Manole, é uma honra e um privilégio. Este livro, *Amor, União e Filhos*, é um testemunho da vida de uma mulher extraordinária, cuja história é marcada por resiliência e amor.

Minha mãe nasceu em um contexto de desafios e superações. Desde cedo, enfrentou a dureza da vida com coragem e determinação, traços que moldaram seu caráter forte e sua personalidade inspiradora. Sua jornada, desde a infância humilde em Resende, passando pelas dificuldades da adolescência e juventude, até encontrar o amor verdadeiro em Dinu Manole, é um exemplo de perseverança e esperança.

Este livro é dividido em duas partes: a primeira narra sua vida pessoal e familiar, suas origens, o encontro com meu pai, e os momentos preciosos que compartilharam. A segunda parte é dedicada a conselhos e reflexões, frutos da experiência adquirida ao longo dos anos. Minha mãe sempre foi uma fonte de inspiração não só para mim e meus irmãos, mas também para todas as pessoas ao seu redor. Seu legado é um testemunho de amor, união e da importância dos valores familiares.

Em suas palavras, encontramos a essência de uma vida bem vivida: a importância do presente, a força do amor e o valor das relações humanas. Ela nos lembra que a felicidade está em apreciar cada momento e em viver de maneira íntegra e autêntica.

Esta obra celebra sua vida, homenageando todos aqueles que foram tocados por sua bondade e força. É também uma manifestação de coragem ao contar sua história, com o intuito de inspirar e guiar os leitores, assim como sempre fez com seus filhos e netos.

Sempre agradeço profundamente a minha mãe, embora dizer "obrigada" seja insuficiente.

Obrigada por me fazer continuar, especialmente quando já quis desistir de tudo. Trabalhar em uma empresa familiar é uma mistura de sentimentos. Lembro-me de uma vez em que tive uma briga na empresa com meu pai e meu irmão e queria desistir. Mas você me disse: "Como mulher, eles vão adorar que você não vá, mas levante a cabeça e vá".

Obrigada pelas inúmeras vezes que caminhamos do Itaim até a Bela Vista para trabalhar, carregando nossas marmitas nas costas, enquanto você me dava valiosas lições de vida que guardo até hoje e que ajudaram a construir a mulher forte que eu sou hoje.

Minhas realizações sempre terão um pedaço de você, mãe! Espero que quem leia este livro entenda o quão forte você é.

Com amor e gratidão,

Amarylis Manole

Parte I

1
Minhas origens

Sempre que perseguimos um sonho, acredito que, com muita luta, chegaremos lá. Esse foi o meu caso.

Nasci na cidade de Resende, no estado do Rio de Janeiro, sob o signo de Leão, em uma época em que as mulheres não trabalhavam fora de casa. No entanto, vivendo em uma situação de extrema pobreza, em uma casa com chão de terra batida, minha família – composta de heroínas – não podia seguir o que a sociedade ditava como regra e por isso vovó trabalhava como cozinheira em um hotel, enquanto mamãe atuava como garçonete.

Tive uma infância muito precária, em um lar pobre. Minha mãe ficou grávida de mim muito jovem, aos 15 anos; enquanto meu pai – que nunca conheci – precisou ir para Campos do Jordão tratar uma tuberculose. Mamãe, com poucos recursos, não pode visitá-lo e ele nunca mais voltou, pois não conseguiu se curar e infelizmente o perdemos.

Nessa época, entender a vida ao meu redor era difícil. Tenho orgulho de onde nasci, mas demorei para assimilar as peculiaridades do lugar, já que Resende era uma cidade militar, onde viviam muitos homens estudando com suas fardas na Academia Militar das Agulhas Negras. Sendo tão jovem, eu não compreendia o que era o orgulho ou a ideia de defender a pátria e ir à luta. Mas aprendi, ao longo dos anos, que não devemos nos vangloriar diante do inimigo, nem contar vantagem. Não devemos nos fazer de importantes na frente de pessoas que são realmente importantes, pois tentar convencê-las do nosso próprio valor é um erro. Precisamos continuar fazendo o que acreditamos e não mudar para agradar quem fala mal de nós. Não devemos perder o jogo, pois o resto é o resto.

Aos 3 anos de idade, eu olhava em volta e os adultos pareciam gigantes. Essa percepção me deixava triste por não poder alcançar o aconchego de minha mãe, muito menos de meu pai. A sensação de não ter um pai presente me trazia muito sofrimento e aprendi, já naqueles anos, que a maior tragédia não é quando o homem morre, mas que tragédia é aquilo que morre dentro de nós enquanto estamos vivos.

Apesar disso, nem tudo foram tristezas, ainda foi possível encontrar o amor paterno quando, um dia, um hóspede do hotel em que minha avó trabalhava conheceu minha mãe e eles se apaixonaram. Houve um afeto verdadeiro entre os dois, que os fez fortes para enfrentar todos os problemas da vida. Após a morte da minha avó, nos mudamos para Lins, em São Paulo, onde o irmão do meu novo pai possuía uma serralheria que era vizinha a uma casa de alvenaria. Fomos morar nessa casa, onde os banheiros, feitos de madeira com um buraco no chão, ficavam do lado de fora.

Depois vieram os meus três irmãos mais novos – dois irmãos e uma irmã –, que sempre foram levados! Eles jogavam objetos dentro da fossa do banheiro – como chaves e carteiras – e era preciso que minha mãe amarrasse uma corda em si mesma para pegá-los. Assim que subia, ela corria atrás das crianças com uma vara para castigá-las. Naquela época, era assim que ela acreditava ser a forma correta para educá-los. Eu, ainda uma menina com apenas 8 anos, achava aquilo um absurdo, mas ao mesmo tempo, tomava como exemplo para mim.

Tempos depois, eis que surge uma outra oportunidade em nossas vidas: um convite para meu pai trabalhar administrando a Fazenda dos Azevedos, em Londrina, no Paraná. Meu pai trabalhava como guarda-livros – o que hoje é a profissão de contador –, e sendo sempre muito honesto e trabalhador, com uma companheira também lutadora, conseguimos uma razoável estabilidade.

O trabalho correspondia a fazer a contabilidade da fazenda, que possuía 100 mil pés de café. Havia muitos colonos e cada família tinha a sua moradia. Meu pai, cheio de orgulho, estava satisfeito consigo mesmo ao sermos acolhidos com muito calor humano em uma casa que possuía até empregados à disposição. Enquanto isso, mamãe trabalhava de arrumadeira e cozinhava para os patrões.

Como minha família era católica, meus pais precisavam batizar meus irmãos e então convidaram uma conhecida dos patrões para ser a madrinha das crianças, o que foi também importante para mim, pois quando passei a estudar, foi na casa dessa mulher que me hospedei, enquanto o restante da família ficava na fazenda.

Depois de 4 anos de estudo, meus pais saíram da zona rural e compraram uma casinha para viver em Londrina mesmo, enquanto eu continuava meus estudos em um colégio particular de freiras – era um internato, mas como minha família não tinha como pagar, eu apenas estudava na escola, mas não dormia no local. Naquela época, só papai trabalhava fora; mamãe, sem estudo, só cuidava da casa. Era uma vida humilde, sem geladeira, com fogão a lenha e o ferro de passar era a carvão. Minha mãe, no tempo que era dona de casa, era muito criativa, ela cozinhava e vivia no tanque esfregando roupas, pois não tínhamos máquina de lavar roupa. Ela sempre foi muito interessada em possuir um sítio porque adorava a natureza e sempre me pedia para que eu lesse o jornal do dia em voz alta, fazendo-me perguntas sobre o que eu estava lendo. Esse amor por aprender e a curiosidade fazem parte de mim desde então.

Cheguei à minha adolescência com muita acne, espinhas e muito magrinha. À medida que fui crescendo, guardei em minha memória as dificuldades que mamãe passou e decidi que não passaria pelo mesmo. Ainda assim, lembro que a minha adolescência foi cheia de afeto, podendo brincar na rua com outras crianças de esconde-esconde, pega-pega, amarelinha, até que por um milagre ganhei uma linda bicicleta cor de vinho da marca Monark, que em cima da roda de trás tinha um assento extra. Fiquei tão contente que corri e dei um abraço nos meus pais em agradecimento. Foi um presente que me marcou para o resto da minha vida.

Logo depois de concluir os meus estudos, por volta dos 21 anos, consegui uma nomeação como professora primária em uma escola. Levantava às cinco horas da manhã para pegar o ônibus ainda no escuro, morrendo de medo, porque tinha uma passagem de linha de trem que precisava atravessar. Esse foi um período da minha vida que me fez crescer, pois o caminho para o crescimento profissional nem sempre se apresenta de forma explícita, é preciso se esforçar! Eu não aceitava viver sem o mínimo de condições, havia ficado traumatizada com o banheiro que era um buraco no chão e como não pude exigir essa mudança de vida dos meus pais, fui à luta para conquistar o melhor, por isso plantei sementes que se frutificaram.

Paralelamente, conheci alguns interessados em namorar, sem saber que meu destino já estava traçado. Cheguei a ficar noiva, mas o meu noivo me deixou por uma outra mulher que tinha um poder aquisitivo superior. Desapontada, mamãe veio em meu auxílio e me aconselhou a viajar e conhecer um outro lado do mundo – e eu fui! Com uma malinha de 5 kg, parti para São Paulo, que ficava bem longe de onde morava – não tão longe a ponto de ser do outro lado do mundo, mas distante o bastante do meu próprio universo.

No início de 1965, minha querida São Paulo me acolheu de braços abertos e foi me impressionando e surpreendendo com seu crescimento até se tornar essa metrópole fantástica que eu chamo de lar.

Era estranho me acostumar com uma metrópole como São Paulo e, sendo uma "garota do interior", eu não me sentia confortável, pois não sou uma pessoa normalmente extrovertida, mas o esforço de ir além da minha zona de conforto me ajudou muito a compreender melhor a vida e a mim mesma. Fui morar na casa dos parentes do meu segundo pai e, por meio dos anúncios que lia no jornal, comecei a procurar emprego. Logo apareceu uma vaga como recepcionista numa empresa de renome, localizada na praça da Biblioteca Mário de Andrade. Trabalhei por dois meses, mas queria ganhar mais. Recorri ao jornal novamente e encontrei uma concessionária de carros da Volkswagen que estava contratando para a vaga de vendedora. Fui empregada! Fiquei ansiosa para começar, recebi as instruções e segui todas ao pé da letra. Mais um sonho realizado! Fiquei feliz ao receber meu primeiro honorário e logo abri uma conta bancária.

Nessa época já estava recebendo convites para festas e começando a namorar novamente. Graças aos meus princípios, rejeitava convites de homens mal-intencionados, principalmente casados, pois o meu sonho era encontrar o meu príncipe encantado.

Foi quando conheci Dinu Manole.

E posso confessar, quando você encontrar um parceiro verdadeiro vai perceber que não havia nada de errado com você. Muitas vezes nos sentimos angustiados e sozinhos achando que o Senhor está em silêncio conosco, mas Ele nunca nos abandona. Ele sempre tem o controle de tudo e permite que alguma coisa nos aconteça para nos ensinar algo. Quando você invoca ao Senhor e confia, Ele te ouve. O seu clamor sempre chega, portanto, confie no Senhor e descanse.

"Assim que você confiar em si mesmo, saberá como viver."
Johann Wolfgang von Goethe

★

"Suas ações são tudo o que você tem."
Johann Wolfgang von Goethe

★

"Comece fazendo o necessário, depois o possível, e de repente estará fazendo o impossível."
São Francisco de Assis

★

"Qualquer coisa que valha a pena ser feita vale a pena ser bem-feita."
Atribuída a Philip Stanhope, 4º Conde de Chesterfield

★

"Ser capaz de olhar para o passado com satisfação é viver duas vezes."
Marcus Tullius Cicero (Cícero)

★

Você é mais corajoso do que acredita, mais forte do que parece e mais esperto do que pensa.
A.A. Milne, por meio do personagem Christopher Robin em "Winnie the Pooh"

★

Não há vergonha em não saber. A vergonha está em não descobrir a si mesmo, seja verdadeiro, seja você mesmo.

★

AMOR, UNIÃO E FILHOS

O destino não decide, você, sim!

✱

"É melhor saber algumas perguntas do
que todas as respostas."
James Thurber

✱

"O homem não aprende nada, a menos que se dirija
do conhecido para o desconhecido."
Atribuída a Claude Bernard

✱

"Tenha uma árvore sempre verde no coração,
e talvez um pássaro venha cantar."
Provérbio chinês

✱

É preciso apenas parar e contemplar.

✱

"Uma boa reputação brilhará para sempre."
Provérbio africano

✱

"É preciso muito pouco para fazer uma vida feliz."
Marcus Aurelius (Marco Aurélio)

✱

Não há nada na Natureza que não seja belo.

✱

Fazer o seu melhor é o melhor que você pode fazer.

✱

Você é sua própria luzinha, brilhe forte para
que todos possam ver.

★

"Todos os nossos sonhos podem se tornar realidade
se tivermos coragem de ir atrás deles."
Walt Disney

★

"Nada vai funcionar a menos que você faça."
Maya Angelou

2
União do casal

Tive uma irmã com paralisia e, naquela época, pensei que seria uma boa ideia procurar um apartamento na praia, onde minha mãe e ela poderiam tomar banhos de mar e ter uma qualidade de vida melhor. Por meio do jornal, vi um anúncio: "Vende-se um apartamento", tipo quitinete na Praia Grande, em São Paulo. Telefonei e um corretor logo me atendeu e se prontificou a me levar ao litoral com o dono do imóvel, Dinu Manole, para mostrar e conferir o meu interesse na compra. Lá chegando, gostei e vi que dava para pagar com os meus próprios recursos, mas pedi prazo, pois eu queria dar a notícia para mamãe.

No retorno para São Paulo, após a visita, o corretor que nos acompanhava chegou a me convidar para sair, mas eu recusei. Fiquei esperando para ver se Dinu falaria algo e, nas minhas boas intenções, fui contemplada com a maior surpresa da minha vida: um convite dele para sairmos e nos conhecermos melhor.

Ele apertou minha mão, e isso me fez perceber que ele era um homem respeitador, mas além disso, Dinu era trabalhador, pontual e me fez confiar tão plenamente em suas palavras e ações, que dei minha resposta imediatamente. Estava selado, então, o nosso destino. Ele foi o homem da minha vida, o meu companheiro com uma educação e um caráter tão altos que não encontrei isso em nenhum outro homem que conheci. A mulher precisa encontrar um homem de princípios. Um homem que também respeite a família, pois se ele não respeita a família, então, ele não serve.

Aceitei o primeiro encontro e rejeitei alguns depois, mas ele me cobrou sinceridade e compromisso, o que me fez enxergar um homem transparente. O nosso primeiro encontro foi um jantar e depois saímos para dançar.

Interessante pensar em como Deus traça caminhos além da nossa imaginação. Muitos anos antes desse encontro, eu já havia ouvido falar da Romênia, um país tão longínquo que nem parecia real. Mas foi desse lugar que veio ao meu encontro aquele que enriqueceu minha vida.

Dinu Manole nasceu na Romênia, onde viveu com seu pai, Maurício, e sua mãe, Ana, em Bucareste, capital do país. Foi criado com muito amor e com uma educação exemplar, sob os valores do judaísmo, mas quando adulto conheceu os horrores da guerra quando se deu a invasão dos alemães, liderados por Hitler. Foi uma catástrofe e, tempos depois, a sua família teve de entregar a casa para as tropas soviéticas, que invadiram a região logo em seguida.

Quando jovem, Dinu chegou a se formar em Direito e começou a trabalhar na zona rural, onde recebia dos clientes, como forma de pagamento, animais domésticos – essa era a única maneira que eles tinham para quitar os serviços. Naquela época, o país estava sob o regime comunista, com a população vivendo em uma condição de grande pobreza. Para fugir dessa fase difícil, Dinu teve a ideia de sair do país. Ele conheceu alguns "camaradas" que trabalhavam para o Governo e pediam favores de advogados que prontamente eram atendidos. Ao ter contato com alguns chefes de altas posições e com muito tato, pediu um visto para sair da Romênia. Quando conseguiu, precisou sair do país com nada além de uma mala de 5 kg, deixando para trás toda a família e os amigos, mas também se despedindo de todo o sofrimento que o regime lhe impunha. Apesar de ter conseguido, o sentimento de revolta por ter de abandonar a sua família e o seu lar o acompanhou por muito tempo.

Ao se despedir de sua mãe, que ficou em lágrimas, seu pai o aconselhou: "Filho, abaixe a cabeça e o seu orgulho. Conquiste o melhor para você, essa é uma posição que terá de enfrentar. Frequente ambientes onde você seja a pessoa com menos conhecimento, e quando for desafiado, se você for humilde, mas determinado, alcançará os seus objetivos. E principalmente: cuide bem de seu nome".

Ao deixar a Romênia, tentou viver primeiro na Áustria, mas, mesmo com o fim da Segunda Guerra Mundial, o antissemitismo continuou a ser um problema, assim como em muitas partes da Europa. Apesar do fim do regime nazista, muitas atitudes antissemitas persistiram na sociedade austríaca. O país também enfrentou desafios econômicos significativos no período pós-guerra, o que afetou as oportunidades de emprego e a integração de imigrantes e minorias étnicas.

Ao tentar encontrar um emprego, Dinu ouvia que estava tentando roubar as vagas dos cidadãos. Entretanto, o seu destino mudou quando em suas mãos caiu um folheto sobre o Brasil. Naquela época, era comum empresas europeias, como a Lloyd Triestino, que operavam navios de passageiros e carga, terem folhetos promovendo a viagem para o Brasil.

Esses folhetos eram utilizados para promover a experiência de viagem e destacar os destinos "exóticos" e as oportunidades disponíveis no país, servindo como ferramentas de marketing para incentivar a imigração e o turismo durante o período pós-guerra.

Ele logo se interessou e, por sorte, conseguiu viajar no porão de um destes navios, onde outros viajantes tentavam o mesmo. A primeira parada foi no Rio de Janeiro, mas apenas como uma escala. Logo zarpou com destino a Santos e depois, em 1961, chegou a São Paulo, cidade tão diferente da sua terra natal, que possuía um rigoroso inverno com neve e muito frio.

Chegando na capital, passou sua primeira noite em um banco de praça e acabou descobrindo o endereço de uma tia, mulher do irmão de seu pai. Por alguns dias ela o acolheu, mas depois pegou no pé dele para sair da concha e procurar um trabalho. Sendo assim, foi para as ruas vender canetas, aprendendo a língua portuguesa e ganhando alguns trocados para se sustentar. Por acaso encontrou um conterrâneo romeno e foram morar juntos. Logo a ideia se revelou ruim, pois o seu colega sempre chegava bêbado, e, não sendo mais possível a convivência, resolveu que era o momento de morar sozinho. Alugou outra casa para viver e, para conseguir se sustentar, conciliou dois empregos. Pela manhã, trabalhava vendendo as canetas, e na madrugada, trabalhava como auxiliar administrativo em um hotel, onde fazia as contas a mão do consumo de bebidas dos hóspedes. Depois recebeu o convite para trabalhar com a *Enciclopédia Britânica*.

Por ter formação em Direito, Dinu acreditou que isso facilitaria a venda das enciclopédias, porém, no seu primeiro mês de trabalho, não vendeu nada e já estava com o sapato furado de tanto andar. Como incentivo, recebeu uma ajuda do seu chefe, que passou a pagar pelas suas refeições, e foi esse suporte que o animou a ponto de deslanchar na carreira. Vendeu tanto que começou a viajar pelo Brasil só com a passagem em suas mãos e carregando alguns exemplares. Chegou a percorrer todo o país, foi até mesmo para Manaus, que parecia tão distante, onde encontrou clientes que se interessaram em comprar as enciclopédias. Como fruto de seu empenho, ganhou o prêmio de Melhor Vendedor de Enciclopédia Britânica, chamando a atenção de alguns corretores de São Paulo, que o convidaram para vender imóveis. Chegou a vender apartamentos na planta do Edifício Copan, um dos mais importantes e emblemáticos edifícios da cidade de São Paulo. Ele comprou um terreno aqui, outro acolá, em bairros distantes que nem ia conhecer, apenas investia. Já em São Paulo, comprou um apartamento no bairro de Pinheiros e uma quitinete na cidade de Praia Grande. Foi esse imóvel no litoral que fez com que nos conhecêssemos. A parte engraçada é que eu nunca comprei aquele imóvel, ele só serviu para cruzar nossos caminhos.

Quando começamos a namorar, todos os dias ele ia me buscar no meu trabalho, na "Marcas Famosas Volkswagen", que ficava na avenida Santo Amaro. Um dia eu não o encontrei, e ele ficou muito zangado. Esse comportamento, para mim, só mostrou um homem que exigia um compromisso sério e que não admitia mentiras. Foi nesse momento que decidi que seria com ele que me casaria. Quando olho para trás, percebo que antes dele só havia me envolvido com pessoas fúteis e passageiras, e foi um alívio ter mudado de direção e tê-lo encontrado. Hoje, entendo que a vida me ensinou a seguir o caminho correto, perdoei quem me levou para baixo, quem me ofendeu, quem pouco se importou, quem tentou me prejudicar e quem, por alguma razão, saiu falando mal da minha vida. Perdoei todos para que tudo fosse bem para mim, sem fardos desnecessários para carregar. O perdão é libertador, os outros que se acertem com Deus pelos seus atos.

Quando eu estava há 6 meses em São Paulo, meus parentes avisaram que eu já não poderia morar com eles, pois minha tia iria receber o genro, da Itália, e eles não tinham mais como me acolher. Nunca pensei em voltar para o Paraná, mas também não tinha onde morar. Então, em uma noite, depois de Dinu ter me buscado no trabalho, eu contei a ele que precisaria ir embora da cidade. Contei e me levantei, já esperando que ele tivesse alguma reação, apesar de estarmos há pouco tempo namorando.

Ele então me convidou para que morasse com ele. Eu aceitei, e alguns dias depois, andando pelas ruas na época que ainda existia bondinho em São Paulo, eu o chamei para irmos até o cartório. Casei direitinho no civil, de papel passado. Nem sempre a mulher precisa ficar esperando pela atitude do homem, sendo uma tonta sem saber aonde ir. É preciso atitude!

Conheci Dinu por acaso, e esse foi o acaso mais lindo da minha vida. Em pouco tempo, ele se tornou tudo para mim e nunca pensei que pudesse gostar tanto de alguém quanto gostei dele. Eu sou apaixonada pela vida e agradeço a Deus por ter nascido e ter encontrado essa pessoa maravilhosa, esse companheiro de muitas lutas, muita persistência, muita fadiga e que em muitos fins de semana trabalhou incansavelmente.

Onde há amor, há alegria.

✹

Apenas ame a vida, e ela vai retribuir seu amor.

✹

"Se quiser ir rápido, vá sozinho; se quiser
ir longe, vá acompanhado."
Provérbio africano

✹

Ontem à noite o Sol se foi e ainda
assim hoje ele está aqui.

✹

"Tudo que você precisa é de amor."
**Tradução da letra da música
"All you need is love" dos Beatles**

✹

"A suprema felicidade da vida é a convicção
de que somos amados."
Victor Hugo

✹

"Para ser amado, seja amável."
Ovídio

✹

"O sorriso é a menor distância entre duas pessoas."
Victor Borge

✹

"O principal é se emocionar, amar,
ter esperança, vibrar, viver."
Auguste Rodin

AMOR, UNIÃO E FILHOS

"Chame outras pessoas para imaginar coisas
extraordinárias com você."
Austin Kleon

✷

Não escolha a pessoa que é bonita para o mundo,
mas aquela que torna bonito o seu mundo.

✷

"A sorte favorece os bravos."
Terêncio

✷

Ser bom é ser legal.

✷

"O conhecimento é amor, luz e visão."
Atribuída a Helen Keller

✷

Pessoas fortes não põem as outras para baixo.
Elas as puxam para cima.

✷

Trate os outros como gostaria de ser tratado.

✷

Uma palavra simples pode iluminar
o dia de alguém.

✷

"Felicidade é ter alguém para amar, algo para
fazer e alguma coisa pela qual esperar."
Atribuída a Rita Mae Brown e a Elvis Presley

3

Nossas vidas juntas

Casamento precisa ser de paz.

Você ajuda em casa, e a pessoa te ajuda; vocês se ajudam, pois são parceiros, são uma equipe. O amor não dói, e envelhecer juntos é um processo de maturidade, um fato consumado. Todos que se casaram e estão juntos vão passar por isso.

Ser casado não faz com que deixemos de viver, mas agora você tem algo a oferecer: o seu tempo e a sua força para construir um lar, juntos. Nem sempre é um mar de rosas, nem sempre o sol brilha. Também há dias em que a chuva cai.

Minha vida ao lado de Dinu se iniciou com um objetivo em comum: trabalharmos juntos.

Para que eu pudesse viver com um homem intelectual, a primeira coisa que acordei com Dinu era trabalhar com ele. "Mas que caminhos vamos tomar?", ele me questionou. Foi quando coloquei ordem na casa e tive a ideia de morarmos em Maringá, no interior do Paraná, pois Dinu já havia percebido que nessa região ele vendia mais. Não sabia naquela época, é claro, mas essa decisão definiu toda a nossa vida depois disso.

Tendo a certeza de que o trabalho dava certo, Dinu resolveu diversificar os livros que vendia para além das enciclopédias e teve a ideia de colocar um anúncio no jornal trocando a quitinete de Praia Grande por coleções de livros. Apareceu um interessado que tinha livros o bastante para encher um quarto, e fizemos a troca. Financiamos duas Kombis e nelas foram colocados todos os livros, que Dinu vendia pelo norte do Paraná.

Minha primeira filha, Daniela, era uma bebê de colo, e, mesmo a amamentando, decidi que era hora de trabalhar. Assim foi feito, alugamos uma sala para eu trabalhar enquanto ele viajava, vendendo as coleções. Viramos sócios ao abrir nossa livraria e papelaria, a "Livraria Manole – Importação e Comércio Ltda.".

Daniela, nome dado pelo pai, deu seus primeiros passinhos mexendo em lápis, borrachas e papéis, enquanto meu companheiro dava duro pelo norte do Paraná, com a Kombi cheia de coleções de livros que vendia de porta em porta enfrentando poeira e tanta lama que, às vezes, o carro até encalhava, tendo que esperar um trator da vizinhança chegar para o ajudar. Ele não demonstrava pessimismo, pelo contrário, seguia em frente, pois muito mais doloroso foi ter vivido as dores da guerra e fome em seu país.

Em uma de suas viagens, entrou num consultório médico para oferecer sua coleção de livros e se surpreendeu com a pergunta do doutor: "Você também vende livros médicos?".

"Não, doutor", ele respondeu, "mas vou providenciar".

Quando ele chegou dessa viagem, abraçou a mim e a Daniela, todo contente me dando a notícia de que iria viajar para São Paulo para comprar livros médicos. Como os médicos não tinham tempo e não podiam viajar para comprar livros, nós seríamos os livreiros deles.

Fomos a São Paulo, na Editora Artes Médicas e, com um dinheiro emprestado de minha mãe, 4 mil cruzeiros, compramos os livros para revender ainda no norte do Paraná. Acabamos ficando amigos do editor responsável, que também era de origem judaica, emigrante da Polônia e casado com uma russa. A nossa primeira compra com a Artes Médicas foi feita em confiança no modelo consignação, ou seja, pagávamos depois dos livros vendidos. Houve muita receptividade e muito interesse por parte dos médicos. Conseguimos vender todos os livros consignados e, após o acerto, devolvemos o dinheiro que mamãe havia nos emprestado.

A nossa condição melhorou um pouco e, com isso, nós nos mudamos para um apartamento maior na avenida Curitiba, ainda em Maringá. Minha filhinha, Daniela, fez 1 ano e dei uma festinha, convidando sua madrinha, dona Elza, que morava na cidade de Cambé e outros amigos. Não demorou muito e já nasceu nossa outra filha, Ana Lúcia, nome dado também pelo pai. Logo engravidei novamente, tendo um filho em cada ano.

O crescimento do negócio criou a necessidade de ficarmos mais perto dos fornecedores, sendo assim, vendemos a loja de

Maringá, e a livraria mudou-se para São Paulo. Dinu me colocou, grávida do nosso terceiro bebê, Roberto, na Kombi com nossas duas filhas pequenas. Forramos o chão para que eu pudesse deitar com elas e seguimos para São Paulo. Lá alugamos uma casa na rua Martiniano de Carvalho, no bairro do Paraíso. Separei a sala da parte da frente de casa para trabalhar, enquanto ele viajava e descobria o interior de São Paulo, a clientela dessa região tinha um poder aquisitivo melhor, fazendo as vendas dispararem!

Cerca de 6 anos depois de ter dado à luz meu terceiro filho, fui contemplada com a notícia da chegada de mais um ser querido, a minha filhinha, a quem dei o nome de uma flor: Amarylis. Muito querida, rechonchuda e dócil, uma criança que dificilmente chorava à toa. Foi com muito amor que a amamentei e tive a grande ideia de colocá-la juntinho ao meu corpo para dormir comigo, para sentir o meu calor e amamentá-la sem que fosse preciso me deslocar até o berço. Essa estratégia deu muito certo, porque os bebês querem o calor da mãe e choram quando se sentem desamparados, longe do aconchego da progenitora. Se você tem um filho, meu conselho é: durma com eles e abrace-os enquanto pode, não tenha medo deste "vício", pois os filhos são pequenos apenas uma vez e depois, quando forem maiores, buscarão os seus caminhos e os seus espaços. Durmam coração com coração, tão próximos que eles se sintam acarinhados com o seu calor, pois eles precisam do seu aconchego e do seu amor.

Além disso, até mesmo a escolha do endereço – da mudança de Maringá para São Paulo – foi a escolha certa, pois o escritório ficava ao lado de uma praça e eu pude trabalhar com meu marido enquanto, da janela, podia observar meus filhos brincarem e tomarem sol. Eu estava feliz com a vida que escolhi, podendo viver ao lado do homem que amava, trabalhando juntos para crescermos, cuidando da casa e dos filhos e conseguindo conciliar todos os afazeres, a alimentação e a saúde.

No interior, os médicos compravam muito, e as nossas vendas dobraram. Por causa do potencial econômico, as vendas passaram a ser à vista e não mais a prazo, o que aumentou nosso capital de giro. A administração era feita por mim, criando os filhos e ao mesmo tempo trabalhando com meu companheiro. Contratei o primeiro *office boy*, Roberto Garcia, muito dedicado e competente, que foi trazido pelas mãos do pai, pois ainda era menor de idade na época.

Até então, comprávamos de editoras do Brasil. Nosso principal fornecedor era a Editora Artes Médicas, cujo dono, sr. Henrique Hecht, vendo que deixávamos as suas prateleiras vazias, aconselhou-nos a importar livros médicos. Seguindo a sugestão, começamos a importar.

Em 1971, viajamos para a Argentina e iniciamos as compras. Foi preciso ampliar o nosso catálogo e contatamos editoras inglesas, norte-americanas e espanholas, porém tivemos dificuldade porque os concorrentes brasileiros, com receio de

AMOR, UNIÃO E FILHOS

perder as suas negociações, falaram para as editoras estrangeiras que o nosso trabalho não era confiável, mas, com muita luta e perseverança, conseguimos vencer todas as dificuldades.

Em 1973, chegamos a ter o mais variado estoque de livros importados nas especialidades médicas, sendo os mais procurados os livros de Neurologia, Radiologia, Oftalmologia e Cirurgia Plástica.

Fizemos o nosso primeiro Congresso de Radiologia, em Brasília. Viajamos de Kombi, eu e ele, mil quilômetros e chegando lá não tínhamos recursos para pagar o aluguel do estande. Chamamos o presidente do congresso para vir em nossa Kombi e mostramos o estoque dos livros de Radiologia importados que trazíamos. O diretor, ao ver nossa mercadoria, arregalou os olhos, deu-nos um abraço e autorizou a nossa participação. Colocamos duas mesas para expor os títulos e vendemos tudo, sem pagar nada. Foi um sucesso!

Assim não paramos mais, além das vendas no interior do Estado de São Paulo, participávamos de congressos no Rio Grande do Sul, Santa Catarina, Paraná, Pernambuco e Ceará.

Em 1974, resolvemos abandonar a importação para nos dedicarmos exclusivamente à edição de livros médicos em português. Fomos pioneiros na área médica e também em ciências correlatas, como Fisioterapia e Educação Física. Entramos também na área de Veterinária. Como não tínhamos bastante capital para editar, surgiu a ideia de fazer mala-direta anunciando os lançamentos dos livros e oferecendo condições especiais para quem os comprasse no pré-lançamento. Com dificuldades financeiras, conseguimos editar os nossos primeiros títulos, mas quando a nossa lista de livros alcançou a marca dos 200 títulos, não tivemos mais problemas, sendo assim, editamos aproximadamente 500 títulos especializados.

Entretanto, também cometemos erros: a tentativa de introduzir uma linha de livros de informática e uma linha de livros de agronomia não deu certo e abandonamos essas linhas editoriais. Com isso, aprendi que é preciso ver cada problema como um desafio para encontrar uma solução. Não espere que as pessoas compreendam as suas escolhas, elas julgam de acordo com aquilo que pensam sobre você, e não sobre quem você é. Se quem te critica vivesse apenas um dia na sua pele, entenderia os seus motivos. Não só isso, mas elas passariam a te admirar e a querer ter a mesma força que você tem.

4
Joanópolis – Um lugar encantado

Um dia, em 1979, Dinu descobriu uma montanha na Serra da Mantiqueira, entre a cidade de Joanópolis, em São Paulo, e a cidade de Extrema, em Minas Gerais. Ele se encantou com sua beleza exuberante, como se o lugar fosse um gigante

Dinu no topo da montanha encantada.

adormecido. Nós dois a escalamos a uma altitude de 1.700 metros, e chegando no topo ele me fez uma pergunta: "Você está comigo para o que der e vier?". Disse que sim, pois também tinha sangue de aventureira. Ele então comprou a montanha, com 50 alqueires de mata.

Para transformar a montanha em lar, era preciso arregaçar as mangas e trabalhar. Eu me encarreguei de tudo que precisava ser feito, pois sou uma mulher multifuncional e gosto de fazer tudo. Gosto de cuidar da minha casa e dos meus filhos e acompanhei em tudo o meu companheiro. Estou à frente, interessada em todos os negócios da minha família. E a primeira coisa que precisávamos era da criação de uma estrada, pois a montanha era circulada por uma mata praticamente fechada. Para isso, fui em um leilão para comprar um trator de esteira; achei um trator velho, de 1924, que arrematamos por 30 mil cruzeiros. Nossa sorte foi que estava funcionando, e, enquanto ele ia rasgando uma estrada na mata, eu ia atrás para impedir que retirassem muitas árvores, pois sempre amei a natureza e acredito que ela é uma proteção divina.

O próximo passo foi construir uma casa que seria o nosso refúgio nos finais de semana, pois não podíamos abandonar a Editora em São Paulo. O local que escolhi para ela foi entre duas araucárias enormes, para que quando ela estivesse construída pudéssemos desfrutar da sombra e do ventinho fresco que só as árvores e a natureza podem nos proporcionar.

Foi muito difícil levar os materiais de construção pela montanha, mas com muita dificuldade e depois de muito penar, construí uma estrada de barro. Provisoriamente, fiquei em uma casinha emprestada do vizinho e arrumei uma caseira que tinha quatro crianças que se juntaram aos meus quatro filhos. A caseira tinha de cuidar de oito crianças, fazer a comida e dar banho, enquanto eu e seu marido subíamos a serra para fazer as plantações e acompanhar a construção da nossa casa e da casa deles. Dessa forma, eu podia acompanhar o desenrolar da estrada enquanto plantava. Tratei de plantar mais árvores em volta da casa e plantei também dez mil eucaliptos e mais dez mil pinheiros nas áreas descobertas. Somados à área verde que já possuíamos, o total alcançou 60 alqueires.

Depois da casa pronta, fiz também uma piscina com água corrente que enchia rápido e sem muito trabalho, pois puxei água de uma nascente com encanamento de 500 metros. Por ser uma serra muito alta, tínhamos muita água jorrando das minas. Para termos mais conforto e não passarmos necessidades, criei também galinhas e uma horta. Assim construímos um lar provendo para nossos filhos um amplo conhecimento da natureza.

Partimos para a terceira etapa do nosso caminho, a criação de animais. No início, tentamos criar algumas vacas ali mesmo na casa da serra, mas as vacas não se adaptaram ao pasto e ao local, então compramos um pedaço de terra a dez quilômetros dessa propriedade, mais plana e perto da cidade de Joanópolis, conhecida como "a cidade do lobisomem".

Eram treze alqueires de terra limpa, sem pasto e com uma pequena reserva de mata. Construímos um mangueirão para as vacas trazidas da montanha Serra da Mantiqueira. Meu companheiro me incumbiu de vacinar, colocar ração e ainda tirar o leite para entregar na linha. Mas a raça era muito exigente, as vacas só comiam no cocho e a ração feno de alfafa era muito cara. Comecei então a analisar e percebi que seria inviável criá-las, por isso aconselhei Dinu a vendê-las pelo mesmo preço que foi pago, mas ele não gostou muito da ideia. Porém, como não tínhamos lucro, a minha sugestão prevaleceu e acabamos vendendo todas.

Meus filhos foram crescendo, estudando e nos finais de semana me ajudavam nas plantações e nos cuidados com os animais. Com meu companheiro, sempre proporcionei o melhor que pude. Tínhamos cachoeira, fizemos um lago e coloquei no meio pedras para formar uma ilha, a fim de que apreciassem a natureza e aprendessem a valorizá-la. Para mim, compreender a natureza significa engajar-se com a vida.

As vacas não deram certo, mas o nosso caseiro nos deu a ideia de criarmos cabritos na área de mata que tínhamos atrás da nossa casa, na Serra. Na busca de cabritos que poderiam se adaptar ao terreno, acabamos em uma cidade chamada Uauá, na Bahia, conhecida como "capital do bode", localizada no sertão baiano, bem perto de Petrolina, Pernambuco.

Por ser uma região de caatinga, conhecemos um lugar árido e sem água. Já sabíamos que o lugar não tinha hotel, nem pensão, por isso levamos na bagagem uma barraca para acamparmos, mas na viagem conhecemos um juiz que estava indo para a feira dos cabritos. Ele viajou conosco e nos apresentou o prefeito, que nos cedeu um quarto confortável em sua casa. Entusiasmados, ficamos hospedados na casa do prefeito, o que foi um privilégio, só não contávamos com a falta d'água que a região enfrentava. Foi desagradável não poder usar o banheiro, mas conheci um pouquinho do que o povo sofre sem água na caatinga. Seguimos para a feira dos cabritos e meu companheiro estava animado para comprar os animais. A compra foi feita, alugamos um caminhão com cabine dupla para levá-los ao nosso sítio e voltamos para São Paulo. Esperamos, mas eles nunca chegaram. Os animais teriam de ser transportados por mais de três mil quilômetros, o que resultaria na morte de todos e por isso nem tentaram nos entregar.

Meu companheiro era muito persistente e não desistiu da ideia. Pelo contrário, comprou um livro sobre cabras e começou a entender como criá-las. Aprendemos e optamos por cabras leiteiras, e o passo inicial antes de comprá-las era construir a casinha em que elas ficariam. O caseiro, muito prestativo, construiu, mas tinha alguns pormenores que precisaram ser seguidos: precisaria ser elevada do chão, com grelha no assoalho para caírem os dejetos e fechada no lado sul por conta dos ventos, pois elas são sensíveis a doença nos pulmões.

Nessa época, Dinu ficou surdo de um ouvido e procurou alguns médicos para poder operar. Em uma consulta, ele foi aconselhado a ir para a Suíça e, já que precisávamos participar da feira do livro na Alemanha, em Frankfurt, aproveitamos a mesma viagem para nos consultar naquele país. Ao mostrar as radiografias, o médico disse que não era possível operar, pois o local era muito perigoso, perto da veia jugular.

Para não perder a viagem, como Dinu havia lido sobre a criação das cabras, ficou sabendo que na Suíça havia rebanhos de cabras de raça, e por isso fomos para uma montanha muito bonita, com estrada íngreme, até um criadouro que nos recebeu com muito carinho. Sua esposa nos preparou um almoço caseiro delicioso, já que até então vínhamos comendo em hotéis. O dono nos levou para ver as cabras leiteiras da raça Toggenburg. O cuidador era professor, cuidava do rebanho pela manhã e o resto do dia ficava por conta de sua esposa, porque ele dava aula. Os suíços eram muito práticos, não tinham empregados e ainda faziam leite, queijo e cremes para as mulheres. Compramos um bode e quatro cabras que viajaram de navio até São Paulo por quarenta dias. Chegaram muito bem, com saúde e nenhum dano, e nós os deixamos presos até que se adaptassem ao clima.

Para aumentar o plantel, começamos a comprar cabras regionais e colocamos com o nosso bode, assim as cabras já

AMOR, UNIÃO E FILHOS

ficaram prenhas e nasceram lindos cabritinhos, que vendemos. Era preciso aprender a fazer queijo e então viajamos para Minas Gerais para fazer um curso. Ao retornar, compramos um pasteurizador com capacidade para 70 litros de um fornecedor particular. Todas as manhãs eu ia para o cocho e elas vinham automaticamente para retirarmos o leite e levarmos para a nossa pequena queijaria. Todo final de semana eu levava em um isopor queijos tipo frescal e leite ensacado, colocava na geladeira de nossa casa em São Paulo e vendia na porta do meu apartamento. O leite ensacado ia para as mães com filhos que tinham bronquite e tosse, pois é um santo remédio.

Não demorou muito e tivemos um golpe de sorte. O Governo de São Paulo estava construindo duas grandes obras: uma estrada asfaltada que passaria no meio do nosso terreno em Joanópolis e uma represa para levar mais água e abastecer a Cantareira. Imediatamente nos veio a ideia de lotear o terreno e vender esses lotes e, para isso, contratamos um topógrafo que dividiu em diversos lotes, cada um com mil metros. Construímos infraestrutura com encanamentos para água vinda de uma nascente e colocamos energia elétrica em todo o terreno. Arborizamos a região e as ruas abertas para que ficassem bonitas e atraentes para os compradores.

Meu companheiro, muito visionário, mandou imprimir um lindo folheto com a imagem da represa, a montanha da Serra da Mantiqueira e, para dar um toque chamativo, nossas cabrinhas de fundo. Enviamos pelo correio com nomes específicos de empresas catalogadas. Contratamos dois corretores de São Paulo e iniciamos as vendas.

Não satisfeita com o resultado dos corretores, que não estavam se empenhando no trabalho, tomei uma atitude drástica: eu os dispensei e assumi o lugar deles. Achávamos que precisávamos de licença para sermos corretores, então fomos para São Paulo, fizemos o curso e obtivemos a carteirinha do Creci. No início fazíamos as vendas no local, tendo como sede a casa que construímos para o caseiro – e onde colocamos o diploma de corretagem. Contratei dois ajudantes, Mané e Ari, que corresponderam imediatamente no que eu queria, corriam para lá e para cá empenhados em mostrar os lotes que os clientes escolhiam pelo mapa. Coloquei um guarda-sol no asfalto e ali mesmo atendia aos clientes. A minha tática era sempre tratar com a esposa do cliente e, assim que demonstravam interesse, ela ia até seu esposo e o convencia sobre a compra.

Acredito que todos devem tentar fazer um pouco mais enfrentando os obstáculos, mas esse esforço de ir além me ajudou muito a compreender melhor a importância do meu envolvimento com meu companheiro e a saber que eu tinha um papel dignificante e importante a desempenhar.

Distraidamente nos afastamos do nosso negócio, mas não podíamos parar de publicar os livros científicos, senão, os nossos concorrentes nos deixariam para trás. Foi quando meu companheiro acordou desse sonho realizado e voltamos ao nosso negócio principal, a Editora. Com o sucesso nas vendas dos lotes – vendemos 150 dos 180 lotes –, fundamos um condomínio com portaria, segurança, síndico e conselheiros para podermos voltar para nossa empresa. Fomos embora porque já havia muito atraso nas publicações da Editora e somente eu fiquei para cuidar da nossa Serra da Mantiqueira.

Por quase 20 anos trabalhamos sem parar e, em 1994, aproveitamos a nossa experiência e começamos a publicar livros para o público em geral, lançando com sucesso livros infantis da Disney e livros de culinária.

Claro que nem sempre dá certo trabalhar com parente e não devemos facilitar para aqueles que não têm o mesmo objetivo. Mas no nosso caso deu certo. Sempre coloquei meus filhos à frente de tudo e eles viam as nossas lutas, mas os educamos para que não perdessem a candura da infância e nos vissem como exemplo.

5
Viagens, trabalho e lazer

Acredito que uma boa viagem em família pode até evitar um divórcio. Logo no início do nosso casamento, o meu primeiro desejo foi conhecer o país em que meu companheiro nasceu. Depois de 6 anos de trabalho árduo, ele me propôs conhecer os meus sogros. Eu nem podia imaginar, naquela época, sair do país para ir a um lugar desconhecido por mim.

A Romênia, seu país de origem, me recebeu de braços abertos e eu fui calorosamente acarinhada pela minha sogra, Ana, e meu sogro, Maurício. Esse calor humano ainda me deixa sem fôlego quando me lembro. Eu não sabia nada do idioma, mas isso não influenciou o amor que me ofereceram. Senti que eles eram gratos a mim por ter ajudado o filho deles, mas Dinu sempre mereceu tudo o que conquistou, pois o fez com seu próprio mérito e valor.

Nossas viagens não pararam mais e, em seguida, conhecemos a Alemanha, que passamos a visitar todo ano para a "Feira do Livro", em Frankfurt. Também fazíamos viagens para pesquisar as publicações dos livros médicos e, dessa forma, conhecemos

Londres, na Inglaterra; Paris, na França; além de alguns passeios pelas Pirâmides e até na Iugoslávia – que hoje é a Sérvia. Conheci o que é patinar no gelo. Primeiro na Argentina, depois no Chile, nos Estados Unidos e, por fim, na França, na estação de Courchevel.

Quando fomos para a Itália, ao chegarmos em Veneza e descer na estação de trem, fui pega de surpresa ao perceber que não havia táxis, mas somente barcos que nos levariam para qualquer parada. Meu companheiro já queria descer, mas eu insisti em irmos até a Piazza San Marco, um ponto turístico muito famoso.

Que satisfação quando me sentei num banco da praça, apreciando os sinos baterem as horas, as pombinhas à minha volta, sentindo a brisa, enquanto Dinu saía para procurar um hotel. De primeira não encontrou, mas quando conseguiu veio me buscar. No outro dia visitamos as igrejas belíssimas com pinturas de Giovanni Bellini.

Visitamos depois Roma e sua Fontana Di Trevi, além do Vaticano. Nós nos encantamos com a correria das vespas – as motos típicas da Itália, que são muito usadas também pelas mulheres – e rimos dos italianos charmosos e conquistadores, que bastavam localizar uma mulher sozinha para irem atrás com cumprimentos cordiais.

Fomos também para o Marrocos, onde visitamos Casablanca, cidade que ficou famosa graças ao filme de mesmo nome. Lá, as praças mostram de tudo um pouco, desde as tendas com magia das serpentes, até as comidas típicas, os lenços coloridos e os tapetes bordados à mão da Pérsia. Depois viajamos para Nova York, nos Estados Unidos. Fomos ao teatro e assistimos à peça "A Bela e a Fera". Partimos para Toronto, no Canadá, e conhecemos também Quebec.

Quando fizemos 25 anos de casados, fui contemplada com uma viagem de navio com mil passageiros até o Alasca. Foi simplesmente maravilhoso! O navio era muito grande, tinha piscina e teatro. Ficamos em um camarote muito aconchegante e da janela ou do convés assistimos à caída das geleiras, era impressionante.

O tempo passa...

Dedicamos muito amor e apreço para as nossas criações e se um dia me perguntarem o que eu fiz de melhor em minha vida, eu orgulhosamente responderei que dei o melhor aos meus filhos, à natureza, aos animais e às pessoas, nada vai me deixar para baixo. Apesar das circunstâncias, tudo foi feito de coração.

Segui sorrindo para os meus inimigos, o sorriso mata a tristeza da gente. O sorriso abre portas, cura e faz bem para quem dá e para quem recebe. Nunca se esqueça de sua trajetória e, apesar das lutas, do medo, dos erros e das frustrações, continue firme abrindo o caminho e não se esqueça de tudo o que você já passou na vida e do quão foi difícil chegar até aqui. Não deixe que ninguém te diminua e roube a sua paz.

Envelhecer não é para os fracos e no seu interior está a beleza que vai durar de verdade. As pessoas que atingem algum nível verdadeiro de realizações são justamente aquelas que superaram as circunstâncias da vida e agem conforme seu coração. Nenhum vento sopra a favor de quem não sabe para onde ir. Não dá para olhar uma pessoa e saber se ela é boa ou má, só com o tempo. Em um ninho de cobras, você deve agir como cobra. Você faz as suas escolhas, e as escolhas fazem você. O tempo é insubstituível e sem volta, o tempo é a moeda da sua vida. Tenha cuidado, não deixe que outras pessoas gastem por você. O tempo passa quando não estamos olhando. Uma pessoa só pode fazer para você o que você permite que ela faça.

AMOR, UNIÃO E FILHOS

"A felicidade não é algo pronto.
Ela vem de seus próprios atos."
Dalai Lama

✳

"Só se pode entender a vida olhando
para trás, mas deve-se vivê-la olhando para
a frente e sendo livre para fazer suas próprias
escolhas, mas você nunca estará livre
das consequências delas."
Atribuída ao filósofo dinamarquês Søren Kierkegaard

✳

Suas ações são tudo o que você tem.

✳

Uma imensidão de pequenos prazeres
constitui a felicidade.

✳

"Um dos pré-requisitos mais essenciais à felicidade
é ter tolerância infinita."
Henry Miller

✳

"Eu sou o que sou."
Bíblia

✳

Apenas seja quem você quer ser, não o
que os outros querem ver.

✳

"Se você não pode mudar o seu destino,
mude de atitude."
Amy Tan

✳

"Ame a verdade, mas perdoe o erro."
Voltaire

✳

"Não tenha amigos que não estejam à sua altura."
Confúcio

✳

"Transforme suas feridas em sabedoria."
Oprah Winfrey

✳

A gentileza abrange todas as formas de sabedoria.

✳

"Viver é como velejar. Você pode usar qualquer
vento para seguir em qualquer direção."
Atribuída a Arthur Rubinstein

✳

Quando estiver escuro, seja aquele que acende a luz.

✳

Deixe que a natureza seja sua mestra.

✳

"Sempre há flores para aqueles que querem vê-las."
Henri Matisse

✳

AMOR, UNIÃO E FILHOS

Nunca hesite em dizer a verdade.
Nunca, jamais, ceda ou desista.

✴

Veja beleza no mundo, e o mundo verá beleza em você.

✴

Aquele que viaja tem história para contar.

6
Nosso legado

Tenho orgulho em ter plantado com meu companheiro as sementes que formaram essas raízes fortes, através de uma vida de trabalho duro, que frutificou em uma família empreendedora e uma empresa próspera que contribui até hoje para transformar a vida das pessoas. Somos mais do que uma empresa, mais do que uma organização: somos pessoas que têm o firme propósito de colaborar para o sucesso do setor de livros médicos no Brasil como um ramo de atividade que gera empregos e renda, impulsionando o empreendedorismo e desenvolvendo cultura e conhecimento. Somos simples, dedicados e apaixonados pelo que fazemos.

É com orgulho que buscamos o objetivo cada vez mais ambicioso de desenvolver o conhecimento e valorizar a classe médica. Vivo hoje a alegria de ver a Manole prestes a se tornar uma empresa sexagenária e compartilho, de coração, essa felicidade com todos e com cada um de vocês nesta realização.

Todos aqueles que participaram desta jornada celebram o nosso passado, presente e futuro.

AMOR, UNIÃO E FILHOS

Hoje somos pioneiros em publicações de livros médicos em português, mas é importante lembrar que há quase 55 anos éramos como a maioria dos pequenos negócios.

Contar essa história é uma forma de inspirar e reconhecer o potencial de cada profissional na construção de um grande futuro.

Parte II

7
Conselhos para as mulheres

Prestes a completar mais um aniversário e analisando toda a minha vida, posso me colocar não só no papel de mãe e avó, mas também me posicionar como uma mulher que viveu muitas experiências, que hoje enxergo como grandes aprendizados. Se anos atrás eu tivesse conhecimento de algumas situações, provavelmente teria feito outras escolhas. Como não se pode mudar o passado, só posso repassar meus aprendizados na forma que gostaria de ter sido alertada quando mais jovem.

Por isso começo este capítulo dizendo: cuidado com os *donjuán*.

Um dia pode aparecer em sua vida um golpista e você, ingênua, vai acreditar em sua lábia. Essa pessoa primeiro vai te conquistar, dizendo que você é linda e que merece uma vida de rainha. Vai te levar nas lojas e te mostrar todos os modelos de roupas, te convencer de que aquele vestido é a sua cara, feito sob medida, a ponto de te persuadir a experimentar e desfilar para ele.

Pronto! Caiu na conversa.

Depois, ele vai te arrastar para uma loja masculina e comentar que precisa de um tênis, de uma camisa e de outras coisas que nunca parecem ter limites. Mais alguns dias e ele vai argumentar que vocês precisam viajar, e que Paris é o destino ideal! E vocês irão! Tudo, claro, pago por você.

Então ele vai precisar de uma quantia em dinheiro para uma emergência, e, você, sem se dar conta que está convivendo com um estelionatário, vai transferir essa quantia, cegamente, pois não consegue usar a razão. Ele continuará pedindo, prometendo que irá te pagar e você, seriamente, vai continuar acreditando e caindo na conversa, enviando todas as suas economias que ganhou durante uma vida de muito sacrifício, ao longo de tantos anos, para entregar a esse estelionatário afetivo. De repente, você fica sem nada e, pior, cheia de dívidas.

Você sabia que o cérebro de um apaixonado é idêntico ao de um dependente químico? Por isso, quero alertar as mulheres para que não caiam nesse tipo de conversa, usem a razão e sejam sábias. Sempre achamos que isso acontece com os outros, até que a vítima seja nós mesmas.

Mesmo nos negócios ou até em um divórcio, preparem-se com cautela, sempre com documentos e um advogado. Fique esperta! Em vez de seguir cegamente seus pensamentos e seus sentimentos, conte com a ajuda de um profissional que atue na área e permaneça desperta! Reconheça seu estado mental antes que seja tarde demais.

É muito triste ver mulheres que não se preparam adequadamente antes de enfrentar uma separação. Primeiro converse com um advogado, veja o que é seu por direito, não fique pensando com a emoção nesses casos, não se esqueça de que o machismo é uma realidade, infelizmente. Diz o dito popular que "o mundo é das mulheres", mas sabemos que não é bem assim que a banda toca. Mesmo com o homem evoluindo e acreditando que veio ao mundo para progredir e encontrar uma parceira que o ame e o ajude, não confie em suas emoções para não ficar desamparada.

Da infância até a idade adulta, quando os homens estão em uma situação em que se veem obrigados a escolher um caminho, eles se sentem perdidos se não tiverem alguém ao seu lado para olhar o mundo a seu favor. Homens precisam de um braço direito e de uma mão amiga. Por isso, é importante que eles também façam uma boa escolha na hora de decidir com quem formarão um lar, pois precisam de uma companheira compreensiva, guerreira e que busque o bem-estar da família. Em teoria, o casamento seria muito simples se entendêssemos a importância de cada lado se respeitar: a mulher somando e sendo uma luz para seu marido; enquanto o marido não negligencia as suas responsabilidades, o seu trabalho e até a sua saúde.

O problema é que com o tempo isso não ocorre. Começam a surgir dissabores no casamento, sendo importante buscar a ajuda de profissionais para não tomarmos decisões repentinas.

Todos estão sujeitos a ter uma estafa ou até mesmo um transtorno psiquiátrico, e, se um dos lados percebe a angústia do outro, é preciso ajuda e compreensão para tratarem a situação e não recorrer ao divórcio.

É preciso uma percepção de que ambos perderam a capacidade de enxergar o mal que estão fazendo a si mesmos, assim como não estão se dando conta do que estão fazendo com o cônjuge. Ambos não podem ter a falsa ideia de que resolverão os problemas com suas próprias mãos, mas precisam aceitar que há um limite do que podem fazer sem ajuda qualificada. Quanto mais demorarem, mais a família sofre, pois os filhos ficam sem rumo quando perdem a segurança dos pais.

Se a mulher precisa conviver com a culpa e os eternos "e se...", o homem também se sente derrotado, fracassado, humilhado e com vergonha por ser rejeitado. Para ambos, o casamento se torna um sofrimento psíquico que pode chegar até a pensamentos suicidas, ao passo que juntos poderiam discutir e chegar a uma conclusão mais acertada em não destruir uma família.

Em outras palavras, em um divórcio ninguém ganha. Temos só sofrimento e brigas sobre quem vai ficar com os bens que adquiriram lutando juntos. Claro que ninguém casa já pensando em divórcio, mas existem algumas formas de se prevenir antes de iniciar um relacionamento.

Eu e meu companheiro, nos quase 40 anos que vivemos juntos, reservávamos as sextas-feiras para nós. Não falávamos de filhos, nem de fraldas, nem de trabalho. Nós nos arrumávamos um para o outro e jantávamos em um restaurante ou cozinhávamos juntos em casa. Era o nosso momento, e isso, acredito, fortaleceu-nos como casal e parceiros de vida.

Meu conselho é: tenha atenção! Na hora de escolher um companheiro, aceite a imperfeição, pois ninguém é perfeito – nem ele, nem você. Geralmente a mulher não aceita a imperfeição, mas isso é essencial para cultivar um relacionamento saudável e uma autoestima positiva.

Até o terceiro encontro, nada de beijos! No quarto encontro, marque à noite, para testar a química durante um jantar. Se der certo, aí sim podem terminar esse encontro com um beijo. Mas não tenham intimidades cedo e se o homem já quiser transar logo de cara, diga que não, pois ainda é preciso descobrir quem esse homem é, se ele realmente é a pessoa que diz ser. Ter alguém é uma escolha, permanecer junto é uma decisão. Esteja disponível, mas não à disposição!

Nunca se esqueça do quão incrível você é. Nunca se esqueça da sua trajetória, que apesar das lutas, do medo, dos erros e das frustrações, você é linda. Não se esqueça de tudo que já passou na vida, do quanto foi difícil chegar até aqui. Não deixe que ninguém te diminua e roube a tua paz. A partir de hoje seja o melhor para você mesma, pois tentar ser melhor que os outros nunca será o suficiente.

Tome posse da sua vida, faça o seu melhor e deixe que o tempo te julgue. A alegria mora no hoje, não mora no futuro. Olhe para a frente e enxergue a imensidão do caminho, espere o melhor e aceite o que vier, jamais desista. Um dia você será lembrada só por algumas pessoas. Mesmo nossos filhos um dia terão suas vidas para cuidar e isso é um fato. A hora para tomar o rumo de sua vida é agora, não perca tempo com discussões e amizades falsas.

Em uma fase da minha vida eu fui diagnosticada como bipolar. Houve uma mudança no meu comportamento, meu humor mudou muito, fui ousada demais e perdi o medo, tive ideias maravilhosas, viajei pelo Brasil e bastava uma sugestão para que eu fizesse as malas. Do nada, eu estava no Egito ou em Marrocos, querendo ver o local das filmagens do filme *Casablanca*. Depois, quis ir para Ibiza, onde fui parar na "Boîte Pacha". O meu transtorno continuava, eu estava cega e vivi cinco anos nessa "euforia". Comecei a pedir a Deus que me tirasse deste caminho, pois o transtorno estava me afastando da minha família. Foi muito doloroso, comecei a sair deste sonho quando as contas começaram a chegar e não encontrei nenhum ombro amigo. Eu estava determinada a encontrar o outro lado da minha vida, sempre fui uma lutadora e tinha fé que conseguiria me reerguer. E consegui.

Aprendi que precisava deixar minhas ações falarem mais alto do que minhas palavras. A mulher pensa que a idade não vai chegar, mas ela chega e percebemos que a aparência não importa, mas sim a essência; que não importam as roupas, mas a classe; que o importante não é ter dinheiro, mas ter educação.

Aprenda a viver com a ingratidão dos outros, espere só de Deus. Aprenda o poder de ignorar e se retirar, não fique em situações que você não merece estar. Não seja antissocial, mas também não finja amar todo mundo. Aquele que não busca o conhecimento se torna refém da sabedoria dos outros. Quem não olha para si mesmo, enxerga nos outros os seus próprios defeitos. Mantenha-se longe de pessoas negativas, se alguém te copiar é porque você virou um exemplo.

Não use a vingança, tente deixar o tempo se encarregar de dar o troco – aqueles que fazem o mal acabam se destruindo sozinhos. Não perca tempo se explicando, deixe as pessoas pensarem o que elas quiserem. As únicas pessoas que se irritam quando você fala a verdade são aquelas que vivem na mentira.

Quanto mais você crescer, mais humilde deve ser. Desça no degrau da humildade com sabedoria, posicione-se no seu controle emocional e trabalhe o orgulho emocional das pessoas. Leia mais para viver melhor.

Podem me chamar de orgulhosa ou de egoísta, tanto faz, mas eu deixei de fazer questão de pessoas há muito tempo. Quem quer ficar me faz um favor, mas quem quer sair me faz dois. Eu sou mais eu! Depois que descobri que o amor-próprio é a chave de tudo, tudo mudou. Então forte abraço para quem permaneceu, e tchau e obrigada para quem pulou do barco.

Tenha perto de você pessoas que te impulsionam para a frente e não que te façam mal. Manipuladores são ótimos em despertar culpa e distorcer os fatos. Para essas pessoas, não importa o motivo da discussão, a culpa sempre será sua.

Tenha cuidado ao levar alguém para ir à sua casa, pois isso é algo muito sério. A pessoa que te visita leva todos os tipos de energias, boas ou ruins. Você ainda corre o risco dela observar suas coisas e, de certa forma, começar a participar do circuito familiar e a saber do íntimo da sua família. O lar da gente é um lugar sagrado. Só leve quem você conhece de verdade.

A gente não conhece uma pessoa pelo que ela diz, mas pelo que ela faz. A gente não descobre uma pessoa pelo que ela aparenta, mas pelo que ela é. Você não confia no que ela promete, confia no que ela cumpre. Com o tempo, todas as pessoas se revelam.

Perdoar não significa concordar com o ato errado. Perdoar significa ser livre de um peso que você não faz nada para merecer. Pior do que errar é querer justificar o erro e não admitir. Não espere nada dos outros. Aprenda que quanto menos você esperar, mais feliz você será.

Devemos viver lembrando que as experiências do passado tornaram o presente mais rico. A vida sempre será o que fazemos dela. Deixe suas ações falarem mais alto do que suas palavras.

Deus disse: "Ame seu inimigo", e eu obedeci amando minha maior inimiga: eu mesma!

Que o vento sopre em suas costas, que o sol brilhe suave e morno em seu rosto, que a chuva caia em seus prantos. Quando você se sentir irritada, saia para caminhar. Cansada, tome um banho quente. Ansiosa, escute e cante uma música. Triste, peça um abraço. Confusa, converse com alguém. Frustrada, repense as suas expectativas.

Eu prezo por deitar todos os dias com a sensação leve de saber que eu tenho um bom coração e ninguém foi capaz de mudar isso. A minha essência é o meu maior orgulho.

Dei sempre o melhor de mim em todas as fases, fiz o que pude para pessoas boas e ruins e, apesar das circunstâncias, fiz de coração e "tá" tudo certo, isso que importa. Nunca usei da minha sinceridade a ponto de prejudicar ou ferir os sentimentos de alguém. A vida é feita de capítulos, e se um deles foi ruim, não significa que todo o livro mereça ser descartado.

Fale pouco. Há pessoas e situações que eu jamais consegui mudar, então resolvi me fingir de boba e seguir a vida. Nem tudo merece a minha energia. Hoje filtro e me poupo, isso tem feito bem demais pra mim. Quem me vê calada diante de algumas coisas não imagina o quanto já falei, expliquei e tentei entender. Só me desgastei, então calei, continuo discordando de um monte de coisas, mas entendi que certas discussões não valem a pena.

Amor verdadeiro é desafiador, demanda esforço, requer tempo, exige dedicação e atitude. Quando você coloca o que não serve mais para fora de casa, não volte lá para ver como está, pare de revisitar sentimentos e pare de insistir em pessoas que não fazem mais parte de sua vida. A vida é curta demais para perder tempo com quem não reconhece a nossa importância, as nossas palavras e os nossos sentimentos. Eu quero estar perto de quem realmente escuta não apenas com os ouvidos, mas com o coração, com quem oferece apoio com genuína empatia. Com quem trata com respeito, mas apenas por meio de ações e pela verdade.

Temos tempo limitado na Terra e o desperdiçamos em inutilidades. Perder dói! Não adianta dizer: "Não sofra, não chore". Só não podemos ficar parados no tempo, chorando nossa dor diante das nossas perdas, nada pode ser feito para mudar o que já aconteceu, mas muito pode ser feito para mudar o que está por vir.

Se pudéssemos olhar o coração um do outro e compreender os desafios únicos que cada um de nós enfrenta, acredito que iríamos tratar uns aos outros muito mais suavemente com mais amor, paciência, tolerância e cuidados.

Hoje eu parei para pensar e cheguei à conclusão de que tudo que veio para me abalar só me fortaleceu. Se hoje desço um degrau, amanhã subirei cinco. Repare que as pessoas que não conseguem vencer dizem que você também não vai vencer.

Por isso, se você quer alguma coisa, corra atrás. Para que tanto orgulho se o futuro é a morte? Acumulei silêncios por gritos não dados, magoei-me com a verdade, mas não com a mentira. Às vezes, deixar ir é o ato mais corajoso do amor-próprio. Sua maior luta será do lado de dentro.

Cada manhã traz uma benção que só serve para esse dia e que não se pode guardar nem desaproveitar. Se não usarmos este milagre hoje, ele vai se perder. Faça o que for necessário para ser feliz, mas não se esqueça de que a felicidade é um sentimento simples, você pode encontrá-la e deixá-la ir embora por não perceber sua simplicidade.

Você precisa ser bem resolvida e trabalhar para construir uma família, ter filhos e ter atitude. E sempre se voltar a Deus e ter sempre a companhia Dele.

Desejo que a vida se torne um canteiro de oportunidades para você ser feliz!

✹

"Aquele que conhece os outros é inteligente, mas aquele que conhece a si mesmo é iluminado."
Laozi (Lao-Tsé)

✹

"O milagre não é voar no céu ou andar sobre a água, e sim caminhar com os pés no chão."
Atribuída a Thich Nhat Hanh

✹

"A maior glória da vida não está em jamais cair, mas em se levantar a cada queda."
Atribuída a Nelson Mandela

✹

Você nunca está sozinho quando acompanhado de pensamentos nobres.

Seja ousado o suficiente para usar a voz, corajoso o suficiente para ouvir o coração e forte o bastante para levar a vida que sempre imaginou.

✹

Nada supera a paz que a natureza transmite.

✹

"Nunca se é velho demais para estabelecer um novo objetivo ou ter um novo sonho."
Atribuída a C. S. Lewis

✹

AMOR, UNIÃO E FILHOS

Quem tem instrução tem tudo, quem não tem
instrução carece de tudo. O tolo diz o que sabe,
o sábio sabe o que diz.

Silêncio é sinal de sabedoria,
mas nem sempre o calado é sábio.

Palavra em cabeça de tolo
é como flecha fincada na carne.

Assim como o sol enfeita o firmamento do Senhor,
a mulher virtuosa enfeita seu lar.

"Quem é verdadeiramente rico?
O que possui esposa virtuosa."
Sabedoria talmúdica

"Quem pede uma mulher ou homem em casamento
deve investigar antes o seu caráter."
Atribuída a Sócrates

★

A vida a dois sempre é mais agradável
do que a viuvez.

★

O orgulho desmerece o homem,
a humildade o enobrece.

★

"Antes sofrer a injustiça do que praticá-la."
Sócrates

Ilma Manole

"Não discutas com o tolo no nível de sua loucura,
para não te assemelhares a ele."
Livro de Provérbios 26:4

Que teu sim seja justo, e teu não sincero.

8
Sugestões para viver bem

Lute com determinação, abrace a vida com paixão, perca com classe e vença com ousadia, pois o mundo pertence a quem se atreve!

Minha infância me deixou marcas, não tive um pai presente porque ele foi afastado por doença e cresci vendo a minha mãe superar cada obstáculo que a vida colocava para ela. Passei por momentos difíceis e, às vezes, ia dormir me sentindo exausta e com lágrimas nos olhos, mas mesmo assim levantava todas as manhãs com energia e ânimo para dar o meu melhor e me dava amor incondicional. Sou alguém forte porque fui criada por alguém mais forte. A vida me ensinou que se aprende mais ouvindo do que falando. Que o respeito e a educação abrem mais portas do que o dinheiro; que o sorriso se torna mais atraente do que qualquer peça de roupa; que atitude nos define, nos aproxima ou nos afasta dos outros. Aceite ser humilde se estiver errada. Não seja perfeita, mas dê o seu melhor.

Aquilo que a gente supera nos ensina a evoluir, mas o valor só vem com respeito. A gente nunca sabe o quanto ama uma pessoa até perdê-la e nunca temos a dimensão exata disso até não poder mais conversar com ela. O luto é por toda a vida, o luto não passa, é você quem passa por ele, em um caminho de intensa fragilidade.

Viva a vida intensamente! Entre ser e ter, prefira ser. A essência tem valor, as coisas têm preço. Todo mundo pode ter o que você tem, mas ninguém pode ser o que você é. O momento presente é precioso, por isso valorize o agora, porque cada dia é uma vida. Não perca tempo! Vá aonde possa respirar livremente, porque se te sufoca e oprime não é o seu lugar. Encontre tempo para a vida. Foque o progresso e não a perfeição, lembrando de que a sua paciência é o seu superpoder.

Sinto saudades de quem marcou a minha vida. Quando me lembro do passado, sinto saudades dele, de amigos que nunca mais vi. Sinto saudades de quem se foi e de quem não pude me despedir direito, daqueles que não me deram "adeus". Sinto saudades de quem foi o meu grande amor.

Falhei muitas vezes como filha, irmã, parceira, namorada e amiga. Nem sempre digo as coisas certas, não sou perfeita, tenho um passado, tenho cicatrizes, tenho as minhas histórias e tenho os meus maus dias e está tudo certo. Ninguém é 100% o tempo todo e minha vida nem sempre foi um mar de rosas.

Esta vida é curta demais, tenha coragem para mudar.

Envelhecer é para quem merece!

Pensando nisso, retornei para o meu lugar preferido. Aquele que passei muitos anos construindo para poder descansar e ser feliz com a natureza, junto a todas as árvores que plantei. Depois de muito tempo, estava de volta ao meu paraíso, cheio de pássaros, maritacas, galinhas, cachorrinhos e colhendo frutas que foram plantadas por mim, em uma casa com vista para a Serra da Mantiqueira e muito verde.

Com coragem, saí de São Paulo, onde estava em um apartamento bem localizado, que anos atrás havíamos comprado e voltei ao lindo lugar onde, em um passado não muito longínquo, já tinha feito uma jornada de muita luta. Para minha casa em Joanópolis, dei o nome de "Porto Danalis" – com as iniciais das minhas filhas –, uma residência grande o bastante para acolher meus filhos e netos quando viessem me visitar. Todos os finais de semana acompanhava o trabalho do pedreiro, corrigindo todos os detalhes e fornecendo materiais. Também contratei um empregado para fazer as plantações de grama e a pintura. O funcionário, Mané, que me acompanhou desde a fundação do condomínio e um jovem por nome de André, muito dedicado, foram os que me ajudaram na pintura da casa.

Recebi de minhas filhas muitos móveis, jogos de sofá e mesas. Eram tantos que tive de organizar em cada espaço para que ficasse harmonioso. Também trouxe tapetes, lustres, duas televisões e louças. Fiz uma piscina, e minha filha Amarylis deu a ideia do tamanho. Com o tempo fui acrescentando ajustes como varandas, churrasqueira e um lindo chalé para meus netos. A garagem, pedi para o pedreiro que fosse bem ampla.

Tive uma empregada dedicada chamada Cinara, que vinha comigo todo fim de semana, pois ela morava em São Paulo. Toda sexta-feira, íamos para a rodoviária do Tietê, com saída às 9h e chegada às 11h30 na porta do condomínio.

À noite, frequentávamos um espaço dançante em Piracaia, a uma distância de 17 quilômetros de Joanópolis, no meu carro, dirigido por mim, um Corolla bem conservado modelo 2006. Cinara pilotava uma moto, mas eu não a deixava vir de São Paulo com ela por achar ser perigosa a rodovia Fernão Dias.

Decidi passar 15 dias morando em Joanópolis e 15 dias em São Paulo, no meu apartamento na Vila Madalena. O apartamento tem dois dormitórios pequenos, uma saleta, cozinha que ampliei até uma varanda grande, dois banheiros. Tempos depois, acabei pegando covid e fui internada no Hospital Israelita Albert Einstein.

Quando recebi alta, completamente curada, fui para um apartamento que minha filha alugou, todo decorado por ela, que contratou cuidadoras para mim durante o dia e a noite.

Com o tempo não me senti confortável, vivendo em um lugar caro pago pela minha filha e disse que gostaria de voltar ao meu apartamento na Vila Madalena. No dia seguinte, recebi a notícia de que a inquilina pediu para rescindir o contrato de aluguel. Fiquei grata à minha filha, que compreendeu o meu apelo, pois só queria que ela não tivesse mais nenhum gasto comigo.

O vento me levou para onde eu não devia ter desistido, mas o meu destino estava traçado e eu não podia deixar de contemplar novamente a montanha do gigante adormecido, como carinhosamente a chamávamos, a montanha da Serra da Mantiqueira.

A casa onde hoje eu vivo é a lembrança da jornada que fiz através de anos, foi bem merecida. Por isso esta casa é um espelho do que eu sou, do que vivi e do que desejo viver.

A vida não é sobre conquistas, metas ou linha de chegada. É sobre quem você se torna durante a caminhada. Não temos controle sobre nenhuma situação que vivenciamos, mas tudo passa e temos de nos reinventar.

Aprenda a caminhar

Caminhe para longe das discussões que não te levam a nada além de aborrecimentos. Caminhe para longe das pessoas que deliberadamente te diminuem. Caminhe para longe das pessoas oportunistas. Caminhe para longe das coisas que envenenam sua alma.

Se um dia você precisar seguir em frente sozinha, siga, porque as falsas companhias não nos ajudam, apenas trazem problemas.

Durante um bom tempo da minha vida, eu tentei achar o culpado para o que eu vivia, até que um dia eu percebi que o maior culpado do que eu vivia era eu mesam. Aprenda a governar a sua vida. Caminhando assim, sua vida será mais feliz.

Escolha sabiamente antes de se casar...

Relacionamento bom não cai do céu, é uma construção que exige base sólida, isso a gente adquire com experiência, amor, cumplicidade, conversa, parceria e vontade de fazer certo. Recuar de relacionamentos tóxicos não é covardia, pois muito maior é a tristeza ao permanecer em relacionamentos desastrosos.

Um marido de verdade te protege, te abraça, ri com você, te beija, te ama, te ajuda a crescer na vida e quer estar com você, sempre mostrando, todos os dias, como ele é capaz de amar uma única mulher por toda a vida.

Felicidade é um estado de espírito em que você se mantém caminhando no caminho certo. Mudar de casamento só porque tem uma crise é como mudar de endereço só porque a casa está bagunçada. Palavras doces são bonitas, mas eu prefiro ações que me mostrem o amor. Não precisa de discursos elaborados, mas sim de pequenos atos que demonstrem seu afeto. Estar presente nos momentos bons e ruins é o que realmente importa.

Ninguém tem a obrigação de ficar com você, amor não é caridade, não é confinamento nem condenação. Você está em um relacionamento sem saber até quando você vai ficar com o outro e essa liberdade é extraordinária, mas só é acessível a quem tem coragem, se você é covarde vai querer prender o outro com ciúme, possessividade, controle, bajulação e dependência financeira. A minha mãe me dizia que depois da primeira mentira toda a verdade vira dúvida, e meu segundo pai já me dizia: "Quem é burro, peça a Deus que o mate, e ao diabo, que o carregue".

O seu valor começa com você mesmo. Não aceite menos do que você merece e não queira mais do que você merece. Amor é não enjoar de amar porque rostinho bonito envelhece. Maquiagem sai com água. A pele enruga. O cabelo fica branco. Corpo definido cai. Mas o caráter fica. Não vale a pena insistir em alguém que não quer ficar. Quem quer ficar fica. Para que insistir?

Preste atenção ao que você sente

Esmague o seu ego, pois apenas o ego se ofende. Quanto mais forte for o seu ego, mais você será frágil. Quando o orgulho cai, as portas se abrem para muitas coisas na vida da gente, você só não aproveita a sua vida porque quer ter a vida dos outros. Esquecemos que as oportunidades vão embora e só nos resta gratidão pelo que temos. Decidi aprender com tudo isso.

A inveja corrói como o câncer, mas a paz de espírito traz saúde para o corpo. Quando não há ternura, não há compaixão.

Seja boa sem esperar nada em troca, esse hábito te ensinará a ser generosa e a não criar expectativas.

Nunca reclame, pois reclamar é pedir duas vezes para que as coisas que você não quer que aconteça aconteçam. O que vale na vida é o afeto.

Algumas pessoas falam com você quando sobra tempo, o que elas não sabem é que ausência gera desinteresse. Elas somem e são esquecidas, simples assim. Valorize as pessoas que arrumam tempo para falar com você.

Se sentiu que precisava mudar algo em sua vida, ter consciência disso já é um primeiro passo e talvez isso já seja o suficiente para hoje. Quem sabe amanhã ou depois de amanhã, ou no início da próxima semana, seja a hora do segundo passo necessário para concretizar essa mudança. O que quer que estejamos esperando, paz de espírito, alegria, graça, consciência interior ou simples abundância, certamente virá para nós, mas somente quando estivermos prontos para receber com o coração aberto e agradecido.

Posso ter o defeito que for, mas sei dar valor a quem realmente merece. Idade não define maturidade, assim como a beleza não define conteúdo. Quem muito escolhe uma hora vira opção, e quem brinca um dia vira brinquedo. Perguntaram-me: "Você não tem medo?", e eu respondi: "É claro que tenho, mas não deixo que ele me impeça de chegar onde eu quero". Já deixou de fazer algo importante para você por medo do que as pessoas iriam pensar? Não tenha medo de errar, pois os erros são oportunidades de aprendizado.

Valorize as amizades verdadeiras, elas são poucas, mas valem ouro. Não fique presa ao passado ou preocupada demais com o futuro, viva o presente e aproveite cada momento. Não gaste tempo se preocupando com o que os outros vão pensar de você, seja fiel a si mesmo, e lembre-se: a vida é curta, viva o máximo.

A gente percebe tanta coisa ficando em silêncio e talvez seja esse um dos sinais mais incríveis da maturidade. Saber a hora de deixar quieto, mas também a hora de responder. Não entrar em discussões que não levam a nada, não constroem nada e que não contribuem em nada com a nossa caminhada. Em silêncio, eu percebo os sinais de Deus e até os toques da minha intuição. O silêncio é ouro.

Perdoe quem te feriu, mas não volte ao que te destruiu. Quem muito julga muito esconde. Quem muito condena quer tirar de foco os seus erros e apontar o dedo para o erro dos outros. O desprezo é a única coisa que devemos dar aos tolos, porque onde a inteligência fala a ignorância não dá palpites.

"Palavras gentis não custam muito e ainda
assim conquistam muito."
Atribuída a Blaise Pascal

★

Ignorância não é dizer "Eu não sei", ignorância é
dizer "Não quero saber".

★

Aprendi que a vida é como um livro.
Às vezes precisamos encerrar um capítulo
e começar o seguinte.

★

Os homens mais sábios seguem
seus próprios caminhos.

★

Aceite o que não pode mudar.
Mude o que não pode aceitar.

★

"Sem luta não há progresso."
Frederick Douglass

"Todas as horas de luz e escuridão são um milagre."
Atribuída a Walt Whitman

★

Na vida, às vezes a rejeição é na verdade um
redirecionamento.

★

"Quem controla sua língua, controla sua vida."
Atribuída Bíblia, Livro de Provérbios 13:3

AMOR, UNIÃO E FILHOS

"Coração bondoso é vida para o corpo,
mas a inveja é podridão nos ossos."
Livro de Provérbios 14:30

✳

Ser escravo de suas paixões é a mais vil
forma de escravidão.

✳

"Todo homem crê que existe
uma única mulher ruim no mundo: a sua."
Gotthold Ephraim Lessing

✳

"Um amigo vale mais do que dez parentes."
Eurípides

✳

Filhos pequenos, poucos cuidados; filhos criados,
cuidados dobrados.

✳

9
Para não ter arrependimentos, use a razão

Eu gostaria de te passar o que aprendi para te ajudar. Se conseguir entender, vai se sentir muito bem.

O que é bonito dizer, que faz parte da condição humana, é saber que o poder não deve cair em mãos erradas, por isso é necessário desenvolver sabedoria e usar a razão.

Tudo o que consegui na vida veio com muita dedicação e esforço, e se eu consegui você também conseguirá.

A vontade de ser grande, de ter sucesso, de fazer coisas importantes e de ser feliz é uma escolha.

Eu não tenho medo da idade nem da velhice. Em vez de reclamar, valorize o fato de que quanto mais se vive, mais se acumula conhecimentos e sabedoria. Use a razão para viver a vida com alegria.

É inútil ser bonzinho. Essa é uma escolha egoísta, enquanto ser bondoso vem da alma. Seja alguém que se destaca e se diferencia. Não se conforme em ser mais uma pessoa comum. Grandes perdas fazem parte da vida e são necessárias para te moldar. Acostume-se com a solidão e nunca force ninguém a

AMOR, UNIÃO E FILHOS

te escolher. Você aprenderá a arte de passar o tempo sozinha, a vida não espera você ficar bem, apenas se levante e siga em frente. Domine as suas emoções para ter uma mente calma e, assim, poder lidar com as adversidades. Todos vão te mostrar quem são de verdade. Apenas dê tempo a eles.

Tipos de pessoas que você precisa se afastar: a pessoa egoísta que pensa apenas em si mesma e te desconsidera; pessoas mentirosas, que inventam histórias só para te prejudicar; a pessoa falsa, que age de maneira dissimulada para te agradar e tirar proveito; e a pessoa invejosa, que sente ressentimento em relação às suas conquistas.

Perdoar não significa concordar com o ato errado. Perdoar significa ser livre de um peso que você não fez nada para merecer. Se você se nega a perdoar, ficará doente. Vai se autodestruir, ficar enrugada e azeda.

Podemos fazer a diferença na forma como tratamos as pessoas, especialmente quando cometem erros. Não há uma pessoa que não cometa erros. Eu já quis que o tempo voltasse atrás e me permitisse refazer tudo o que já fiz de errado, mas de um jeito certo. Hoje tenho a convicção de que muitas situações foram necessárias para que eu crescesse por dentro e soubesse lidar com o meu próprio coração. Nem tudo o que eu faço hoje é correto, mas boa parte dos meus acertos são consequências do que a vida me ensinou através do "ontem".

Sem foco, determinação e ação não se chega a nenhum lugar. Ir a baladas com frequência não dá futuro, e o excesso de bebidas te destrói por dentro. Foi o que aconteceu com um de meus irmãos, bebeu tanto que terminou nas ruas da amargura, morreu aos 47 anos. Não foi produtivo em nada, só deu aborrecimentos para a família. Ele andava de bar em bar com amigos falsos que o levaram para a desgraça. Família é aquela que te faz feliz e te lembra que nunca está sozinho, não são aqueles que te fazem sofrer. Já estou vivendo oito décadas, com saúde graças às minhas filhas, que me ajudam com cuidados médicos, cuidadoras, remédios e hospital.

Na primeira década de vida é quando viramos gente, enquanto na última vivemos nos arrastando com o corpo cansado. Ou seja, temos então seis décadas de vida útil com muita experiência, com muita fé e gratidão a Deus pelo presente de estarmos vivos. Quem aproveitou a velhice dos pais e pode cuidar deles tem paz no coração. Ter saudade é uma benção e ser caridoso com quem te criou com muito amor também é.

Decisões são permanentes. Há três coisas na vida que jamais retornarão: as palavras, o tempo e as oportunidades. Se você esperar demais, daqui a pouco a vida passou e você nem viu. A idade chega, as pernas pesam, a distância aumenta, o mundo gira, a chance acaba, os olhos fecham e você nem sequer percebeu, pois ficou esperando a hora ideal e não agiu.

Saiba ser alguém que aprendeu muito, mas descobriu que sabe pouco; ninguém pode evitar os erros, mas você pode não repeti-los. A árvore apedrejada é sempre aquela que dá frutos. A verdade é como o Sol, permite-nos ver tudo, mas não olhe para ela. A impaciência de querer tudo do seu jeito te faz achar que está certa sem ouvir a razão, e isso pode acabar mal.

A divisão é o segredo da multiplicação, quem projeta o sucesso colhe sucesso e quem projeta a tragédia colhe a tragédia. A sorte pode estar na sua frente, mas você precisa ter a capacidade de enxergá-la para tomar as decisões. O homem só é infeliz quando é injusto.

Se viver no passado perderá o que é maravilhoso hoje, esqueça o passado ou o futuro distante, não há outra maneira de adivinhar o seu destino, a não ser fazendo-o você mesmo. Você só tem uma vida para viver, e o relógio não para. Não se pode mudar o passado, mas o futuro pode ser diferente. A alegria não está nas coisas, mas em nós. Uma pessoa que nunca comete erros não fará nada de interessante. Quem chora se recupera mais depressa do que quem sorri.

Amar e ser amado é o que basta. A vida é muito curta para ser pequena. Nem sempre dispomos do tempo necessário para expressar e realizar tantas coisas que ficaram para dizer e por fazer. Ame, perdoe, viva e agradeça. O sorriso abre portas, cura e faz bem para quem dá e para quem recebe. Não desperdice um único momento com o que não contribui para o seu florescimento interior. Não se alimente do que não nutre a sua alma, liberte-se do ódio, da falta de perdão e do rancor, cultive o amor-próprio. Obedeça sempre ao seu pai e a sua mãe. Não deixe de sonhar, vá à luta e acredite em você, olhe sempre a luta de seus pais que conseguiram superar todas as dificuldades.

Antes eu fazia de tudo pelas pessoas, até que eu percebi que andava regando espinhos em vez de flores. Hoje amo quem me ama, não imploro mais para ficar na vida de ninguém. Quem vem para o bem, eu retribuo e quem não vem, eu me afasto.

Tudo mudou quando entendi que ninguém me deve nada, ninguém me deve atenção, reciprocidade, carinho, gentileza, apoio e consideração. Aprendi que não controlo a atitude dos outros nem como me tratam.

Sabe o que eu controlo? Minha presença!

Só permaneço onde o que mereço me é dado sem precisar cobrar. Não se preocupe com palavras que saem de pessoas amargas, cada um expõe aquilo que tem dentro de si. Não estamos aqui para agradar a criatura, mas sim ao Criador.

Alguém se ama um pouco mais porque você a elogiou. A marca que você deixa nas pessoas não pode ser apagada. Não se preocupe com as pessoas do seu passado, há uma razão pela qual não estão presentes e outra pela qual não chegaram ao seu futuro. Uma pessoa muda por duas razões: porque aprendeu demais ou porque sofreu o suficiente para mudar. Não dependa de ninguém na sua vida, só de Deus, pois até a sua sombra te abandona quando você está na escuridão.

Se amanhã eu não tiver mais nada, eu não como mais do que as minhas torradas, eu não visto mais do que três peças que eu gosto, uso três sapatos embora eu tenha dez. Se eu não tiver mais nada, vou vender sanduíche como fez uma das minhas filhas, enfrentando dificuldades, mas com muita coragem. Ela teve oportunidade com os pais, mas não deu certo, pois ela quis seguir os seus caminhos sozinha. Eu como mãe dei a oportunidade de trocar os sanduíches por vendas de livros médicos, primeiro em consultórios e, quando ganhou experiência, participou de congressos.

Eu e meu companheiro, que muito amei, trabalhamos incansavelmente e o que temos hoje é porque construímos juntos. A vida sempre será o que fazemos dela. Os desafios são muito grandes, a vida é curta, mas o tempo nos ensina a não perder tempo e olhar o futuro com muita esperança e fé de que Deus irá nos ajudar. Não fique em situações que não merece estar.

Crie os filhos com bom exemplo, mas não cobre deles o que você não ensinou na prática. Comunicação não é o que eu falo, mas o que a criança entende. Com sabedoria, posicione-se no controle emocional, por exemplo, deixe claro para a criança quais são suas responsabilidades. Em vez de apenas dizer não ou bater de frente, pergunte se pode dar uma sugestão ao filho. Veja sua expressão corporal e o tom de sua voz, as crianças devem entender o que os pais pedem e, se cumprirem os combinados, devem ser recompensados. Na ausência de argumentos, os pais gritam, mas é preciso raciocinar e falar baixo.

Aprenda a criar filhos que fazem a diferença. É muito importante saber que, com crianças, não adianta apenas falar, o exemplo é dado pela ação. Sua criança está te observando, ela repara se você desperdiça luz, água, alimentos; se você é extremamente consumista, sua criança perceberá, e pior, começará a fazer o mesmo. As crianças, de fato, andam no nosso rastro.

O princípio de uma relação com os pais e principalmente com os professores sempre é o respeito. Os pais se esquecem desse conselho para os filhos.

É fácil quando damos o exemplo e estimulamos a paixão deles e mostramos como estender a mão aos outros, como ensinar a doar os brinquedos para crianças carentes. Era uma lição para darmos valor às coisas e para que as outras crianças tivessem a oportunidade de brincar. É importante visitar comunidades carentes da cidade para levar alimentos, roupas, conversar com as famílias e entregar as doações. Não há dúvidas de que o espírito de solidariedade plantado pelos pais se transforma em ação.

Exercitar a solidariedade dentro de casa é imprescindível, pois as influências deixadas pelos pais são marcantes. Acredito que a semente da solidariedade é plantada nos filhos pelo exemplo. Quem educa é pai e mãe. A escola abre a janela do conhecimento, mas é muito importante que a criança siga as regras na instituição de ensino.

Seria importante que, para lembrar dessas regras, a escola coloque lembretes em quadros ou nas dependências do colégio. Poderiam ser regras simples, como:

- É proibido ofender os amigos.
- É preciso respeitar o professor, os colegas e todos que trabalham na escola.
- É proibido ter preconceito de cor, raça e religião.
- É preciso zelar pelos materiais escolares.
- Ter higiene pessoal e não sujar a sala de aula e nenhuma dependência da escola.

Observe como você está cuidando dos seus entes queridos e de si mesmo. Há várias lutas internas acontecendo ao mesmo tempo, não há nada de errado em cair de vez em quando, mas ninguém além de você pode te levantar. Nem sempre haverá pessoas ao seu lado, nem sempre elas estarão por perto em seus momentos de luta. O crescimento é pessoal, intransferível e interno, é só seu. Sua saúde mental é primordial, uma mente sã te ajuda a ser mais forte. Dê o limite necessário ao que for preciso para alcançar tudo aquilo que precisa. Cuide-se.

Ver, ouvir e calar.

✳

A má fama, uma vez obtida, persegue o
homem até a morte.

✳

"Não é possível defender-se do ladrão
que mora conosco."
Søren Kierkegaard

✳

"Um coração cheio de alegria é o melhor dos tônicos."
Henry Ward Beecher

✳

Benditos sejam os dias de nossa juventude se não
precisarmos ter vergonha deles na velhice.

✳

"Até o dia de sua morte, não confies em ti mesmo."
Santo Antônio de Pádua

✳

Nós não podemos controlar o que a vida faz conosco.

✳

O ontem não existe mais. Não há o amanhã, apenas
o momento de hoje. Não o estrague com lágrimas.

✳

Quando não souber o que fazer sobre algo,
dê um tempo.

✳

"Morrer jovem o mais tarde possível."

Ashley Montagu

O melhor momento da vida é o presente

A vida é como um livro.

Não sei como poderia encerrar minha própria história sem fazer essa comparação, já que minha vida foi ao redor dos livros. Cada dia é como uma página nova, e cada hora, uma vírgula. Cada momento é único, o passado não volta e o futuro pode não chegar. Nem sempre o lápis pode escrever o futuro nem a borracha pode apagar o passado, e de repente chega um momento em que Deus nos tira o lápis e escreve *fim*. Por esse motivo, aproveite bem o hoje, pois cada momento é único. Não desperdice o tempo com mágoas e brigas, busque a felicidade e simplesmente seja feliz. Devemos viver lembrando sempre que as experiências do passado fizeram o presente mais rico.

Na minha escolha para um companheiro fui muito iluminada e a cada dia que vivo e a cada passo que dou, levo comigo a certeza de que sozinha não teria conseguido trilhar um caminho tão rico. Vivi ao lado de um homem que me deu filhos maravilhosos: Daniela, Ana Lúcia, Roberto e a caçula Amarylis, que são os meus tesouros.

Se um dia você precisar seguir em frente sozinha, siga, pois não é a solidão que mata, mas sim as falsas companhias. Existem muitas pessoas más nessa vida, principalmente quando contamos os nossos sonhos, elas colocam inveja e falam mal. Aprenda a ficar calada. Entrego a minha vida e todos os meus planos para Deus, porque nascemos para ir além. Nem tudo o que você perdeu na vida te faz culpado, às vezes, é Deus que te olha e te ama tanto que arranca da sua vida aquilo que ia te fazer mal lá na frente.

Quando estiver com raiva ou sendo criticada, fique em silêncio, pois as palavras podem ofender alguém. Meus parentes me decepcionaram. Que pena, página virada. Parente é "serpente". Quero a paz de não saber tudo, a tranquilidade de não controlar quase nada, a bonança de não sofrer por antecipação, a calmaria de não esperar nada de ninguém além de mim mesma.

Às vezes acontecem coisas na vida que machucam e é por meio delas que aprendemos a viver, por isso, quando algo ou alguém te deixar para baixo, faça como o Sol, apenas espere o dia seguinte para brilhar mais uma vez. Não espere ter tudo para aproveitar a vida, você já tem a vida para aproveitar tudo. Entre a razão e a paz, procure sempre optar pela paz, porque a razão todos querem ter, porém a paz nem todos conseguem conquistar. As pessoas mudam quando querem, precisamos ter conhecimento.

Afaste-se de algumas pessoas para que Deus possa agir em sua vida, há pessoas que se tornam pedra de tropeço no seu caminho, você resolve problemas que você criou, Deus resolve problemas que você não criou.

O melhor momento da vida é o presente. A melhor companhia é a paz. A maior riqueza é a presença de Deus. Ninguém tem o direito de julgar, porque não choram as mesmas lágrimas nem sentem as mesmas dores, só Deus sabe o que tem no seu coração. Gente falsa e fofoqueira é colossal, tem a perna curta, língua comprida, olho grande e vive na lama.

Quanto mais velho você fica, mais você percebe que não vale a pena viver com drama, conflito ou estresse. O que vale a pena mesmo é o conforto de viver cercado por pessoas que querem a sua felicidade. Separar o que é seu do que é dos outros e nunca atrapalhar ninguém, pois cada um de nós tem a sua própria caminhada.

Quero deixar aqui uma declaração de injustiça: quando procurei uma Igreja Católica, pois fui criada e educada sob valores cristãos, não pude me casar com meu companheiro, pois ele era judeu. Essa Igreja Católica, regida por padre católico, não aceitou fazer o meu casamento no religioso. O antissemitismo por parte de padres que são contra o judaísmo não dá exemplo de união e mancha a Igreja Católica. Meu companheiro judeu foi um exemplo de pessoa boníssima e que me deixou à vontade para seguir a minha religião. Com o passar do tempo, resolvi conhecer o outro lado do judaísmo que só acredita em Deus e que Jesus foi um grande apóstolo iluminado que também era judeu.

Simplesmente segui em frente e não me preocupei mais, só sei que estava ligada a um grande homem que Deus me presenteou. Não tomei nenhuma decisão, até que resolvi passar para o judaísmo com minha filha Amarylis. Foi só então que, mais de 20 anos depois, eu e meu companheiro pudemos nos casar no religioso, em uma cerimônia na nossa casa no Tamboré, que possuía um gazebo envidraçado. Trouxemos o rabino e fizemos o casamento ali. Eu fui apreciada por ser uma mulher forte, capitã da minha casa e tudo girou em torno de mim.

Dizem que durante a vida precisamos fazer três coisas: plantar uma árvore, ter um filho e escrever um livro. Percebo que fiz um pouco além disso: plantei dez mil pinheiros e dez mil eucaliptos; tive não apenas um, mas quatro filhos; e agora, com este livro, posso finalizar as três coisas – as árvores, os filhos e um livro escrito por mim.

Desejo a você não apenas realizações como esta, mas sabedoria para viver uma vida longa que te faça sentir orgulho de ter vivido, mesmo com erros ou arrependimentos, seja você mesma e encontre sua força para viver bem, amar e ser amada!

Agradecimentos

Em primeiro lugar a Deus, que nos concede saúde e oportunidades de publicar este livro.

Não poderia deixar de agradecer a vida maravilhosa que tive ao lado de um grande homem que deixou sua marca para a eternidade.

Que Deus abençoe minha família, meus amigos e meus colaboradores.

Pai, vai de encontro com todos eles e livrai-os de todo mal.

Gratidão!

Estes são os médicos que cuidaram de mim, pelos quais tenho muito apreço:

Dr. Paulo Cesarini – Hematologista
Dr. Eduardo Pesaro – Cardiologista
Dr. Marcelo Hisato – Clínico geral

Dra. Marair Sartori – Uroginecologista
Dr. Paulo Augusto Silveira – Hematologista
Dr. Pedro Velásquez – Cirurgião-dentista
Dra. Pamela Costa – Cirurgiã-dentista
Dr. Alberto Taiar – Oftalmologista
Dra. Teresa Makaron – Dermatologista

Aos meus filhos

Do ponto de vista dramático, ter um filho é a maior dor e felicidade que podemos ter. Ao mesmo tempo em que nos rasga por dentro, sentimos uma alegria tão grande que foge da nossa compreensão. A chegada de um recém-nascido faz de um casal uma família completa.

Deus me abençoou com quatro filhos, e tanto eu quanto meu companheiro fizemos o melhor que pudemos na educação e na formação para que eles fossem úteis na sociedade, de acordo com suas formações e escolhas de seus caminhos.

Como mãe, às vezes eu ficava angustiada se um deles não acatava nossos conselhos e muitas vezes eu ficava desesperada e corria para "salvá-los", porque agia com o coração partido.

Não é fácil criar filhos. É preciso ensiná-los a não ter discriminação de forma alguma sobre cor ou raça; se colocar no lugar deles e ser mais compreensivo; ensiná-los a serem líderes para serem amados. Também é importante ensinar sobre como escolher os amigos, a tomar decisões sozinhos e a pedir desculpas.

Sem contar todos os nossos medos e a necessidade de ficarmos atentos à segurança com jogos eletrônicos. Ensine-os a não caírem em conversas e não se envolverem com pessoas mal-intencionadas. Precisamos sempre ficar atentos para proteger nossos filhos logo no início do desenvolvimento e assim evitar que caiam em armadilhas perigosas.

A felicidade é muito importante em um lar e, vamos ser sinceros, não existe coisa melhor do que chegar em casa e ver todos em volta de uma mesa, reunidos, podendo conversar sobre nossos progressos, trabalhos e sonhos. Para mim, sucesso é ter meus filhos ao meu lado.

E, especialmente à caçula, deixo registrado o meu amor e admiração nas linhas a seguir:

Minha filha é minha vida e meu tesouro. O amor que tenho por você justifica sua existência, você transformou minha vida em uma primavera. Enquanto tivermos uma à outra, temos tudo. Eu preciso de você como preciso do sol. O maior presente que uma pessoa pode nos dar é o respeito para uma mãe e você correspondeu perfeitamente. Fez os seus estudos, trabalhou em família dando tudo de si, foi obediente, respeitadora e fez a faculdade de Editoração. Sempre carinhosa e obediente, curtiu sua juventude com responsabilidade. Se casou e teve meu neto, um presente de Deus! A vida não é só o que viveu,

AMOR, UNIÃO E FILHOS

mas o que ainda vamos viver, não sei se a vida é longa ou curta demais para nós. Mas sei que nada do que vivemos tem sentido se não tocarmos o coração das pessoas. Eu sei de onde eu vim, por isso eu preservo o que tenho. Nosso tempo é na realidade uma das maiores dádivas que Deus nos deu e é o que temos de mais precioso.

O resultado mais sublime da educação é a tolerância, e minha filha tem de sobra, tanto que galgou a presidência da empresa familiar. Confiamos na sua capacidade e no seu brilho, pois com conduta venceu os degraus para merecer essa conquista. O quanto sua alma é evoluída! Não é a aparência, não é a roupa e não é o dinheiro. A educação e a honestidade são a essência. Não fique chateada com quem teve ressentimento do seu brilho, você é o que é porque investiu em você e no seu passado, você conquistou tudo porque mereceu e fez com que seus pais enxergassem as suas virtudes, você seguiu os ensinamentos de seus pais, soube ser obediente e estar no meio dos livros, empacotando-os para distribuição em todo o Brasil.

Foi o seu incentivo do trabalho que lhe trouxe felicidade. Um livro deve ser uma picareta para quebrar os mares congelados da alma. Você logo percebeu que o propósito da vida é o amadurecimento da alma. A gratidão será a sua força. Podemos alcançar 100 anos e, ainda assim, damos abrigo a milhares de preocupações. Você pode mudar a sua vida e seu modo de ser, menos a sua essência. O mundo é o que fazemos dele. Minha filha, sei que hoje você se sente mais forte e confiante do que nunca, o melhor da vida é o tempo que ainda nos resta para vivermos, não tenha pressa, mas não perca tempo. Meu lar foi uma homenagem à minha trajetória de vida. Aprenda com o dia de hoje e espere o dia de amanhã para que tudo se resolva. O tempo vale o que a gente faz com ele. O coração não morre, o que morre é quando perdemos o nosso valor. Podemos vencer com uma espada e sermos vencidos por um beijo.

Filha, sua fé foi tão grande que conquistou muitas batalhas e muitos sonhos. Todas as palavras não serão o suficiente para descrever a emoção e o orgulho de termos uma filha tão maravilhosa, você é a minha luz, o meu orgulho, eu adoraria ser o seu livro de cabeceira (meu livro). Meu coração nunca desistiu de te amar, o meu melhor presente é ter você presente.

Ao meu companheiro

Nosso erro é nos acostumarmos com a maneira errada como alguém trata a gente e ficarmos nos convencendo de que isso é o jeito dela. Nós merecemos o mais bonito dos amores, um que nos tire do chão, mas nos mantenha no eixo. Que nos leve à loucura, mas não nos roube a paz. Um amor intenso e insano, mas que ainda seja concreto. Um amor que tenha forma de lar e te faça querer morar para sempre lá.

Eu tive isso com você.

Não dá para esquecer dos momentos que passamos juntos. Eu me sinto premiada. Você me deu quatro filhos que são meus tesouros, você me fez ser uma vencedora. A vida é assim, tem gente que vira lembrança, tem gente que vira passado.

Tudo aquilo que você pediu eu atendi. Trabalhamos juntos por 37 anos e fui sua sócia não apenas no profissional, mas também no lar e na criação dos nossos filhos. Você me tornou importante. Não quero me vangloriar, não quero contar vantagem, mas me senti importante na sua vida e isso foi o máximo!

Sabe o que era bonito em você? Sua força e sua capacidade de sonhar e de dividir comigo, sua grande companheira, todos esses sonhos. Só eu sei o quanto você foi importante na minha vida, o quanto você foi especial, nos bons e nos maus momentos e nos mais difíceis.

Sempre me valorizou e caminhamos juntos. Meu amor é puro, você foi meu anjo puro, que sorriu para mim quando o aceitei para caminharmos juntos. Você sempre será uma inspiração, você iluminou o mundo com seu exemplo e só agregou valor na vida.

Você recebeu muitas homenagens, é inesquecível e sempre colheu o que plantou. Você sempre será lembrado, porque por onde passou deixou sua marca.

"1 de abril de 1961. É a data que cheguei no Brasil. Não foi mentira, apesar de ser primeiro de abril. Tive as mesmas surpresas que Gulliver experimentou quando chegou no país dos gigantes. O motivo desta viagem foi a vontade de me livrar da vida sem liberdade do regime comunista. Por ter sido educado no regime comunista tudo que vi no Brasil era o contrário do que eu era acostumado a ver.

Primeiro ver tantas pessoas diferentes vivendo juntas me deixava admirado. Profissões das quais nunca tinha ouvido falar como: vendedor, corretor e outras, que me eram estranhas.

A quantidade de carros na rua, chegando de um país onde somente os ministros e os chefes comunistas tinham carro e raramente transitavam, era novidade.

As palavras novas que não conhecia: comissão, relações públicas, marketing, propaganda etc. Tantas coisas novas me atordoavam. O que foi mais difícil na adaptação à vida nova não foi aprender o idioma, mas a adaptação psicológica ao novo estilo de vida e costumes diferentes."

Depoimento do Sr. Dinu sobre sua chegada ao Brasil.

Dinu em sua despedida, na Romênia com seu pai Maurício e um querido amigo.

Meu casamento no cartório em Pinheiros, São Paulo, com minha mãe, Maria Sarzedas, como testemunha.

Eu, Dinu e nossa perua Kombi. Com ela iniciamos o nosso trabalho vendendo coleções de livros no Paraná.

Meus sogros Ana e Maurício.

Visto do meu passaporte da primeira viagem que fiz à Romênia quando conheci meus sogros, em 1971.

Em 1971, retirando a neve da casa dos meus sogros, na Romênia.

Visto do meu passaporte da primeira viagem que fiz à Israel, em 1978.

Eu e meu companheiro na Feira Mundial do Livro de Frankfurt na década de 1970, comprando direitos autorais dos editores de medicina.

Dinu no topo da montanha encantada. Neste dia que decidimos comprar o terreno de 60 alqueires de mata virgem, na Serra da Mantiqueira.

O trator de esteira de 1924 da empresa Caterpillar, que compramos em um leilão para desbravar o Sítio Monte Azul.

Em 1979, eu e minha caseira, construindo a primeira estrada para a nossa casa, na Serra da Mantiqueira.

No meu Sítio Monte Azul, onde cheguei a criar alguns bezerros.

Nossa visita à Suíça para conhecermos as cabras leiteiras da raça Toggenburg.

Nossas cabras soltas e pastando no Sítio Monte Azul.

Eu e minha filha, Daniela Manole, em nossa criação de cabras.

SÍTIO MONTE AZUL
BAIRRO DA MOENDA – JOANÓPOLIS
ESTADO DE SÃO PAULO
DINU MANOLE
Telefone São Paulo (011) 287-0746 e 288-0106

CRIAÇÃO DE
CABRAS LEITEIRAS
TOGGENBURG

Anúncio da nossa criação de cabras leiteiras, em nosso Sítio Monte Azul.

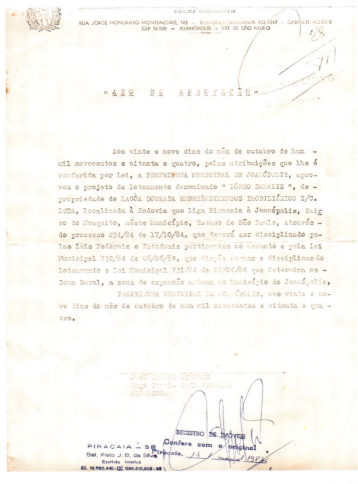

Aprovação da Prefeitura de Joanópolis para o loteamento do condomínio Porto Danalis, em 1984.

As belezas de Joanópolis, o nosso lugar encantado.

Realizar Feiras e Congressos Médicos no Brasil era o nosso dia a dia.

A seguir alguns registros da nossa participação entre 1970 e 1990.

XVIII JORNADA BRASILEIRA DE GINECOLOGIA E OBSTETRICIA
29 de julho a 1.º de agôsto de 1970
BELO HORIZONTE — MG

VI CONGRESSO LATINO-AMERICANO DE PSIQUIATRIA
I CONGRESSO BRASILEIRO DE PSIQUIATRIA

São Paulo, 28 de novembro a 3 de dezembro de 1970

XII Congresso Brasileiro de **Radiologia**
VII Jornada de Radiologia da Guanabara
NACIONAL Cine Foto Hotel Nacional de Brasília 13 a 19 de setembro de 1969

 XI CONGRESSO BRASILEIRO DE GINECOLOGIA E OBSTETRICIA
31 de agosto a 6 de setembro de 1970
★ HOTEL NACIONAL - RIO ★

XVIII JORNADA BRASILEIRA DE GINECOLOGIA E OBSTETRÍCIA
29 de julho a 1.º de agôsto de 1970
BELO HORIZONTE — MG

Na foto acima do I Congresso Brasileiro de Psiquiatria realizado em 1970, o nosso primeiro *office boy*, Roberto Garcia, participou conosco.

Jantar com os amigos.

Quando sobrava um tempinho, também viajávamos a lazer. Conhecemos vários países juntos, o que me deixou boas lembranças.

Juntos conhecemos: Romênia, Inglaterra, França, Itália, Alemanha, Egito, Marrocos, Iugoslávia – que hoje é a Sérvia –, Argentina, Chile, Estados Unidos, Canadá, fomos até para o Alasca.

Abaixo, algumas fotos destes incríveis momentos que passamos juntos.

Eu e Dinu chegando no aeroporto de Cairo no Egito.

Amarylis em sua primeira viagem internacional com 11 anos conhecendo as pirâmides do Egito.

Meu casamento judaico.

בראשון בשבת בחמשה עשר יום לחדש סיון
שנת חמשת אלפים ושבע מאות וששים
לבריאת שאנו מונין כאן בעיר סאו פאולו במדינת ברזיל

איך החתן *דוד* בן מאוריציו *וחנה* למשפחת *מנולי* אמר לה להדא *גיורתא יערה*
בת אברהם ושרה למשפחת *זרסדאס* הואי ליכי לאנתו כדת משה וישראל ואנא
אפלח ואוקיר ואיזון ואפרנס יתיכי ליכי כהלכות גוברין יהודאין דפלחין ומוקרין
וזנין ומפרנסין לנשיהון בקושטא ויהיבנא ליכי מוהר גיורתיכי כסף זוזי מאה
דחזי ליכי מדרבנן ומזוניכי וכסותיכי וספוקיכי ומיעל לותיכי כאורח כל ארעא
וצביאת מרת *יערה בת אברהם ושרה גיורתא* והות ליה לאינתו ודין נדוניא
דהנעלת ליה מבי נשא בין בכסף בין דהב בין בתכשיטין במאני דלבושא
בשימושי דירה ובשימושי דערסא הכל קיבל עליו *דוד בן מאוריציו וחנה* חתן
דנן בחמשים זקוקים כסף צרוף זצבי *דוד בן מאוריציו וחנה* חתן דנן והוסיף לה
מן דיליה עוד חמשים זקוקים כסף צרוף אחרים כנגדן סך הכל מאה זקוקים
כסף צרוף וכך אמר *דוד בן מאוריציו וחנה* חתן דנן אחריות שטר כתובתא דא
נדוניא ותוספתא דא קבלית עלי ועל ירתאי בתראי להתפרע מן כל שפר ארג
ניכסין וקנינין דאית לי תחות כל שמיא דקנאי ודעתיד אנא למקנא ניכסין דאית
להון אחריות ודלית להון אחריות כולהון יהון אחראין וערבאין לפרוע מינהון
שטר כתובתא דא נדוניא דין ותוספתא דא מינאי ואפילו מן גלימא דעל כתפאי
בחיי ובמותי מן יומא דנן ולעלם ואחריות וחומר שטר כתובתא דא נדוניא דין
ותוספתא דא קיבל עליו *דוד בן מאוריציו וחנה* חתן דנן כחומר כל שטרי
כתובות ותוספתות דנהגין בבנות ישראל העשויין כתיקון חכמלוי זכרונם
לברכה.דלא כאסמכתא ודלא כטופסי דשטרי. וקנינא מן *דוד בן מאוריציו וחנה*
חתן דנן למרת *יערה בת אברהם ושרה גיורתא* דא על כל מה דכתוב ומפורש
לעיל במנא דכשר למיקניא ביה,

והכל שריר וקים

נאום
נאום

No primeiro dia da semana, aos 15 dias do mês de SIVAN do ano 5760 do calendário judaico, que corresponde aos 17 dias do mês de JUNHO de 2000, do calendário gregoriano contrairam núpcias, de acordo com a Lei de Moshé e Israel, DINU MANOLE o *Noivo* e ILMA SARZEDAS MANOLE, a *Noiva*, na cidade de São Paulo, Brasil.

NOIVO

NOIVA

TESTEMUNHAS

RABINO ADRIAN GOTTFRIED

Documento judaico do meu casamento com Dinu.

Fotos da Editora Manole em sua nova sede,
na Avenida Ceci, em Tamboré, Barueri.

Eu e Dinu Manole.

Nossos alegres momentos em família, que estão guardados na minha memória.

Eu, Amarylis e Daniela com suas filhas.

Eu e meu neto, ainda bebê.

Minhas filhas Amarylis e Ana Lúcia (ao fundo) e eu.

Na inauguração da Praça Dinu Octav Manole, no Condomínio Residencial Porto Danalis.

Equipe da Editora Manole.

Família reunida em frente à "Casa da Mulher da Serra" no Porto Danalis, em Joanópolis.